'시간'이란 뭘까?

'시간'에 대해 생각해 본 적 있니?
아마 이미 생각해 본 친구도, 이제 처음 생각해 보는 친구도 있을 거야.
"빨리 좀 해!" "왜 이렇게 시간을 안 지키니?"
날마다 듣는 엄마의 잔소리에
'시간'이라는 말 자체가 싫은 친구도 있겠지.
어쨌든 이 책을 펼쳤다는 건,
시간을 어떻게 관리하면 좋을지 고민하고 있다는 뜻 아닐까?
아니면 늘 시간에 쫓겨 허둥대는 너에게
옆에서 보다 못한 가족이나 친구가
"이 책 한번 읽어 봐."라며 건네주었을지도 모르지.

평소에는 느끼기 어렵지만 '시간은 한정된 것'이라는 사실을 깨닫는 일이
바로 시간 관리의 첫걸음이야!

이렇게 책을 읽고 있는 동안에도 시간은 계속해서 흘러가고 있잖아?
아주 짧은 순간순간이 쌓여서 몇 분, 몇 시간, 몇 날, 몇 년의 인생을
만들어 가는 거야.

시간은 자기 혼자만의 것이라서 가족 또는 아무리 가까운 친구라 해도
대신 살아 줄 수는 없어.
또한 시간을 멈춘다거나 과거로 돌아가
그 순간을 다시 살아가는 것도 불가능하지.

인생은 한 순간, 한 순간이 쌓여 만들어지는 거야.
따라서 모든 순간을 소중히 여길 수 있도록
'시간 사용법'을 잘 깨우친다면
네 인생은 분명 찬란하게 빛날 거야.

그럼 시간을 잘 관리해 사용하려면 어떻게 해야 할까?
사실 이건 무척 어려운 일이라
어른이라도 잘 못하는 경우가 많아.
정해진 답이 없기 때문이지.
어른이든 아이든 결국 시행착오를 거듭하며
스스로 그 방법을 익혀 나가야만 해.

너무 어려울 것 같다고?
괜찮아! 누구든 처음부터 잘하는 사람은 없으니까.
이 책의 주인공인 라엘과 이안도
시간 관리 때문에 무척 고민인 모양이야.
그럼 이제 두 친구와 함께
시간을 잘 사용하는 방법을 배우러 가 볼까?

이 책의 주인공인 라엘과 이안이야.
이제부터 두 사람과 함께
시간을 잘 사용하는 방법에 대해 알아볼 거야.

"시간을 잘 관리해 사용하면 좋은 점이 많아. 같이 볼까?"

아름답고 반짝이는 내가 될 수 있다

규칙적인 생활을 하고, 잠자는 시간과 식사 시간을 잘 지키는 것은 '아름다움'의 기본 조건이야. 그리고 외출하기 전에 옷차림을 살피거나 머리를 손질하는 등 스타일링에 시간을 들이면 외모에도 자신감이 생기겠지.

Good time-use 시간을

미래의 꿈에 가까워진다

꿈은 지금 이 순간순간이 쌓여 만들어질 미래에서 너를 기다릴 거야. 예를 들어 프로 운동선수가 멋진 활약을 펼치는 건 꿈을 이루기 위해 날마다 꾸준히 연습한 덕분이지.
아직 꿈을 찾지 못한 친구도 있을지 모르지만, 언젠가 정말로 하고 싶은 일을 찾게 되면 무엇이든 해낼 수 있는 힘이 샘솟을 거야.

사람들의 믿음을 얻는다

'약속 시간에 늦지 않기', '기한에 맞춰 숙제 제출하기' 등과 같이 약속을 잘 지키면 사람들에게 피해를 주지 않을 뿐만 아니라 믿음도 얻을 수 있어.

잘 사용 하면

좋아하는 일을 마음껏 할 수 있다

운동이나 책 읽기, 만들기처럼 내가 좋아하는 일에 마음껏 시간을 쓸 수 있다면 무척 행복하겠지?

좋아하는 사람과 즐거운 시간을 보낼 수 있다

가족과 친구처럼 소중한 사람과 즐거운 시간을 함께 보내면 마음도 더 건강해질 거야.

나를 위해 시간을 쓸 수 있다

좋아하는 일에 푹 빠져들거나 편하게 쉬면서 나만의 시간을 여유롭게 즐기다 보면 자신에 대해 더 잘 알 수 있게 될 거야. 내 인생의 주인공은 바로 나! 자신이 하고 싶은 일을 소중히 여기자.

시간을 잘 관리해서
사용하면 좋은 점이
많은 것 같기는 한데,
과연 내가
잘할 수 있을까?

그럼!
누구나 처음부터
잘하는 건 아니니까.

부모님이나 선생님도 아마
시행착오를 많이 겪으셨을걸!

정말?

여길 봐!

라엘 말고도
시간을 어떻게
관리해야 할지 몰라서
고민하는 친구들이
있는 것 같네.

시간을 제대로 관리하지 못하는 이유는 사람마다 달라. 자신이 어떤 타입인지 알면 어떤 식으로 관리해야 할지 힌트를 얻을 수 있지. 다음 질문에 '예' 또는 '아니요'로 대답해 보자!

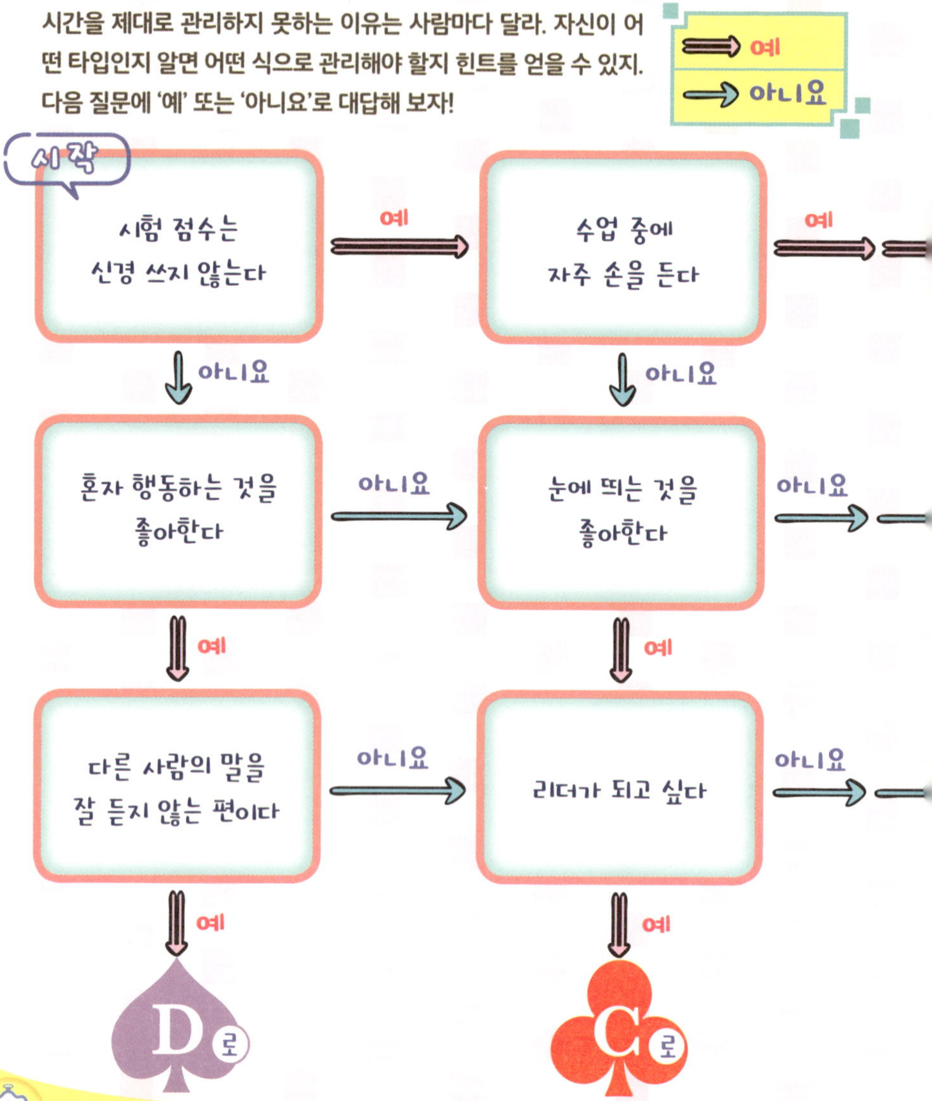

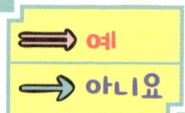

시작

시험 점수는 신경 쓰지 않는다 →(예)→ 수업 중에 자주 손을 든다 →(예)→

↓(아니요) ↓(아니요)

혼자 행동하는 것을 좋아한다 →(아니요)→ 눈에 띄는 것을 좋아한다 →(아니요)→

↓(예) ↓(예)

다른 사람의 말을 잘 듣지 않는 편이다 →(아니요)→ 리더가 되고 싶다 →(아니요)→

↓(예) ↓(예)

D로 **C로**

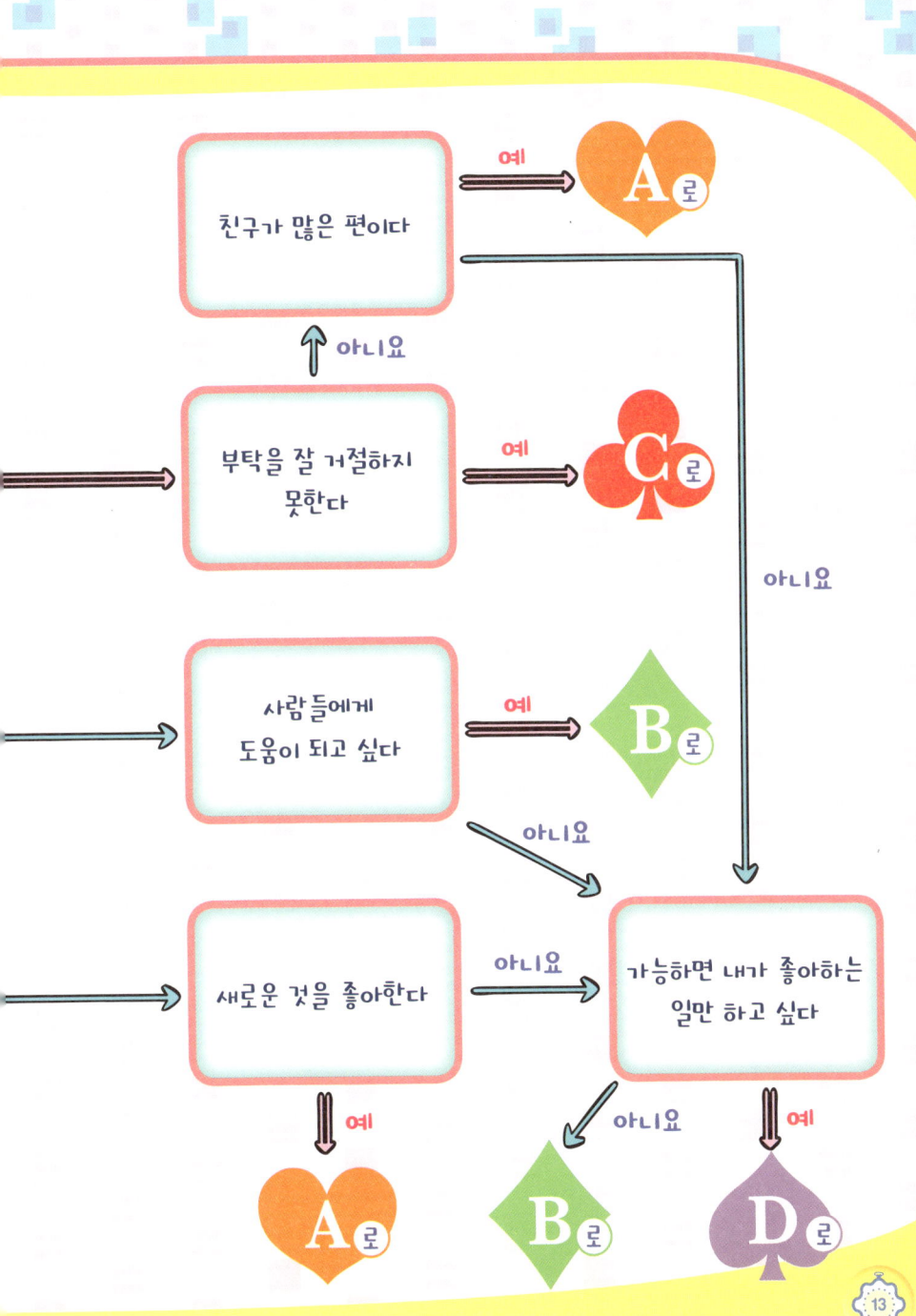

B 타입인 당신은…

신데렐라 타입
주위를 밝혀 주는 온화한 성격

당신은 이런 사람

성격이 다정하고 사람들을 행복하게 만드는 걸 좋아하는 당신. 특유의 온화함으로 주위 사람들을 보듬어 주는 존재야. 느긋한 성격이라 문득 정신을 차리고 보면 시간이 훌쩍 지나 있기도 하지. 주위 사람에게 잘 맞춰 주지만 정작 자신의 일은 뒷전으로 미루는 경우도 있어.

어떻게 할까? 1

시간에 맞출 수 있도록 계산하는 습관을 길러야 해. 먼저 계획을 세운 다음 일을 시작해 보자.

당신의 장점

- 느긋하고 대범해서 사람들이 좋아한다
- 다정한 성격으로 주위 사람들을 행복하게 만든다
- 행동이 꼼꼼하다

어떻게 할까? 2

계획을 세웠다면 그 일을 하는 동안은 잘 집중하도록 노력하자. 주변에 쓸데없는 물건이 있다면 주의가 흐트러지지 않도록 미리 치워 두는 게 좋아.

어떻게 할까? 3

가족의 도움을 받자. 표를 만들어서 자신이 잘 했을 때마다 스티커를 붙여 달라고 하면 의욕이 생길 거야.

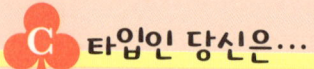 C 타입인 당신은...

백설 공주 타입
노력파인 동시에 의지할 수 있는 리더

 **어떻게 할까? 1**

편안히 쉴 수 있는 시간을 갖자. 피곤할 때는 무리하지 말고 푹 쉬어야 하니까.

당신의 장점

- 친구들의 의견을 잘 모으는 리더의 기질이 있다
- '뭐든지 할 수 있어'라며 긍정적으로 도전한다
- 도망치거나 포기하지 않는다

어떻게 할까? 3

메모지에 해야 할 일을 적은 다음, 화이트보드에 붙여서 관리하는 방법을 추천해. 해야 할 일과 해낸 일이 눈으로 확실하게 구별되면 뿌듯함도 더 커질 거야.

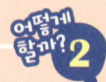 **어떻게 할까? 2**

계획을 세울 때는 일정이 너무 빡빡하지는 않은지 살펴보자. 오늘 꼭 해야 하는 일과 나중에 해도 되는 일을 구분하는 게 좋아.

당신은 이런 사람

남을 잘 보살펴서 그룹의 리더 자격을 갖춘 당신. 적극적인 성격 덕분에 친구들한테 존경을 받는 데다 선생님도 의지할 수 있는 학생이야. 그렇지만 다른 사람에게 약한 모습을 보이는 게 싫어서 무리하기도 하지. 혼자서 너무 애쓰지 말고, 때로는 쉬면서 다른 사람에게 의지하기도 해 보자.

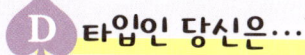 **D** 타입인 당신은…

〈 가구야 공주 타입 〉
쿨하고 자기주장이 확실한 성격

당신의 장점
- 자기주장이 확실하다
- 좋아하는 일은 열정적으로 한다
- 어떤 일에 깊이 파고드는 걸 좋아하고 정확함을 추구한다

당신은 이런 사람
시원시원하고 자기 생각이 확실한 타입. 스스로 납득하지 못하면 의욕이 생기지 않다 보니 행동하기까지 꽤 많은 시간이 걸리기도 해. 하지만 흥미를 느낀 일에는 집중하는 타입이라. 공부할 때는 좋아하는 과목만 파고들 수도 있어.

어떻게 할까? 1
계획을 세울 때는 시간을 여유 있게 잡는 게 좋아. 짧은 시간 안에 끝내려면 왠지 초조해지지만 시간을 넉넉하게 잡으면 마음이 편하거든. 또 빨리 끝내면 일정을 앞당길 수도 있어.

어떻게 할까? 2
가장 좋아하는 일을 중심으로 계획을 세운다면, 그 일을 하기 위해서 다른 일도 열심히 하게 될 거야.

어떻게 할까? 3
눈에 잘 띄는 곳에 시계를 놓아두자. 정확한 걸 좋아하는 타입이니까 디지털시계를 추천할게.

○ 가구야 공주: 일본에서 가장 오래된 전래 동화 속 주인공으로, 달나라에서 온 공주다.

CONTENTS
차 례

- '시간'이란 뭘까? ········· 02
- 시간을 잘 사용하면 ········· 06
- 당신은 어떤 타입? ········· 12

Part 1 시간은 누구의 것일까?

- 시간은 누구를 위해 지켜야 할까? ········· 24
- 시간은 왜 소중할까? ········· 26
- 시간 사용법은 스스로 생각하자 ········· 28
- 어른들은 왜 "빨리빨리!"라고 재촉할까? ········· 30
- 시뮬레이션을 해 보자 ········· 32
- 다른 사람의 시간도 소중히 여기자 ········· 34
- 약속 시간에 늦지 않으려면 ········· 36
- 좋아하는 일을 찾아내자 ········· 38

[칼럼] 즐거운 시간은 왜 순식간에 흘러갈까? ········· 44

Part 2 시간 감각을 익히자

- '시간 감각'이란 뭘까? ·· 48
- 하루 동안 사용하는 시간을 되돌아보자 ···························· 52
- 규칙적인 생활이 중요해 ··· 56
- 아침에는 스스로 일어나자 ·· 58
- 방과 후 스케줄을 스스로 세워 보자 ································· 60
- 계획대로 실행하려면 어떻게 해야 할까? ························· 83
- TV나 동영상 시청, 게임은 시간을 정해 놓고 하자 ············ 92
- 마음이 두근거리는 시간을 소중히 여기자 ························ 98
- 하루 동안 할 수 없는 일은 1주일 단위로 생각하자 ·········· 102
- 준비물을 깜빡하고 못 챙기면 시간을 낭비하게 돼 ··········· 104
- 전날 밤에 미리 준비해 반짝이는 나를 만들자 ················· 106
- 느긋하게 있는 시간도 중요해 ·· 108
- [칼럼] 집안일을 하면서 '계획력'을 익히자 ······················ 112

Part 3 긴 시간을 잘 활용하자

- 긴 시간 동안 무엇을 할 수 있지? ···································· 114
- 여름 방학을 이용해 멋지게 변신하기 ····························· 126
- 여름 방학을 멋지게 보내는 다섯 가지 힌트 ···················· 129
- 여름 방학 숙제 완성 테크닉 ·· 138
- [칼럼] '체내 시계'가 뭘까? ·· 146

Part 4 꿈을 이루어 주는 시간 사용법

시간을 내 편으로 만들자 ·················· 149
나의 세계를 넓히는 테크닉 ················ 151
어른이 되면 무슨 일을 하고 싶어? ·········· 156
멋진 어른이란 어떤 사람일까? ············· 164
꿈을 이루기 위한 계획 ···················· 170
계획을 실행하는 테크닉 ·················· 171
꿈을 위한 시간을 소중하게 ················ 178

'시간 사용법'을 배운 다음 어떻게 변했어? ····· 182

활동 시트

이 시트는 내려받을 수도 있어~♪

활동	목록을 만들어 보자	54
	메모지	63
활동	메모지를 붙이자	67
활동	메모지를 붙이자	70
활동	메모지를 붙이자	76
활동	방과 후 스케줄을 적어 보자	80
	스케줄 시트	124
	여름 방학 계획표	144
활동	느낀 점을 적어 보자	152
활동	직업을 조사해 보자	162
활동	찾아보자	166
활동	미래 예상도를 만들자	176

부록   보호자님께

시간은 누구의 것일까?

시간은 누구에게나 공평하게 주어져.
이 파트에서는 시간을 지키는 게 과연
누구를 위한 일인지 생각해 보자!

하아… 또 늦잠 자는 바람에 아침부터 엄마한테 혼났어~!

그럼 좀 더 일찍 일어나면 되잖아. 라엘은 지각을 너무 많이 한다니까!

시간은 누구를 위해 지켜야 할까?

미안해. 아까는 말이 너무 심했어. …어? 그런데 쟤는 대체 누구지?

어? 이안 너한테도 타이미가 보여?

음… 너도 시간 관리 때문에 고민하고 있는 중이구나?

응. 그게, 부모님께서 잔소리를 좀 하시기는 하는데….

잠깐, 둘 다 주목! 시간은 과연 누구를 위해 지켜야 할까?

뭐든지 가족 탓으로 돌리지는 않니?

늦잠을 자거나 숙제를 못해서 곤란해지는 건 결국 자기 자신. 가족은 상관이 없어. 그러니까 모든 건 내 문제이지 가족의 문제가 아니야. 따라서 '혼이 난다'는 이유 때문에 시간을 지키려 해서는 안 돼. 내 시간은 그 누구의 것도 아닌 바로 내 것이니까 언제까지 가족에게만 의지하지 말고 스스로 생각하고 행동하자.

뭐든지 다른 사람 탓으로 돌리면 이렇게 돼!

⬇

아침에 깨워 주지 않은 엄마 책임

⬇

엄마가 깨워 주지 않으면 일어날 수 없게 됨

⬇

자신을 변화시키지 못함

내 문제라고 생각하면 이렇게 돼!

⬇

아침에 일어나지 못한 건 내 문제

⬇

'어떻게 하면 스스로 일어날 수 있을까?' 혼자서 일어날 수 있는 방법을 고민

⬇

스스로 일어날 수 있게 됨

⬇

자신을 변화시킬 수 있음

'시간을 지키는 건 나 자신을 위해서'라는 점을 먼저 이해하자!

시간을 지키지 않으면 어떻게 될까?

중요한 이야기를 듣지 못한다

학교에 지각하면 늦은 시간만큼 수업을 들을 수 없고, 늦은 사이에 선생님께서 말씀하신 내용도 듣지 못하게 되겠지.

내가 없는 사이에 선생님이 중요한 이야기를 하실 수도 있으니, 수업에 늦는 건 그만큼 내 손해인 거야.

다른 사람들에게 피해를 준다

친구들과 약속한 시간을 지키지 않으면 모두를 기다리게 만들어서 피해를 주게 되지. 다 같이 출발해야 할 소풍날에 한 사람이 늦으면 모든 사람이 제때에 출발하지 못하기도 하잖아. 만일 내가 그런 식으로 시간 약속을 지키지 않은 사람을 기다려야 한다면 어떤 기분이 들까?

사람들의 믿음을 얻지 못한다

시간을 잘 지키는 사람은 시간을 소중하게 여기는 사람이자 약속을 잘 지키는 사람이야.

시간을 잘 지키는 사람이 시간을 지키지 않는 사람을 보면 덜렁댄다는 생각이 들거나 '믿어도 될까?'라는 의심도 들 거야. 물론 어쩔 수 없는 사정이 있어서 지각한 경우에는 '한 번 정도는 그럴 수 있지'라고 생각해 줄지도 모르지만, 그 일이 몇 번씩이나 반복된다면 더 이상 믿어 주지 않겠지.

기회를 잃게 될 수도 있다

만약 어떤 오디션에 참가하기로 했다고 해 보자. 정해진 시간에 도착하지 못하면 오디션을 볼 자격을 잃게 돼. 뿐만 아니라 학교에서 시험을 볼 때도, 정말로 특별한 사정이 아닌 이상 지각은 인정되지 않아.

어른의 경우에 이처럼 시간을 지키지 않으면 일자리를 잃거나 돈을 벌지 못하게 될 수도 있어.

시간은 왜 소중할까?

엄마가 종종 "시간이 아까워!"라고 말씀하시는데, 무슨 뜻일까?

지금은 이해하기 어려울 수 있지만, 아이들보다 오랜 세월을 살아온 어른들은 보통 다음과 같은 이유로 시간은 소중하다고 생각해.

시간이 소중한 이유

시간은 한정되어 있기 때문에

시간이 무척 많은 것처럼 생각된 적이 있지? 그렇지만 시간은 어른에게도 아이에게도 모두 평등하게 하루 24시간뿐이야. 아무리 바빠도 늘릴 수 없고, 누군가에게 부탁해서 빌릴 수도 없어.

시간은 되돌릴 수 없기 때문에

이미 지나간 시간은 아무리 애써도 되돌릴 수 없어. '그때 이렇게 했으면 좋았을 텐데'라며 후회해도 소용없지. 시간은 오로지 그때 단 한 번뿐이야.

'할 일'이 있기 때문에

한정된 시간 속에서 어른이든 아이든 저마다 살아가기 위해 '할 일'이 있으니까 그 시간을 잘 활용할 필요가 있는 거야.

시간은 모두에게 공평하게 주어지며 어떻게 쓸지는 각자의 자유지만, '어떻게 쓸지'는 그야말로 그 사람의 성격이 드러나는 부분이야. 이와 관련해서 선배들을 인터뷰해 봤어.

어떤 시간을 가장 소중히 여기나요?

/ 인터뷰 \

나는 춤추기를 좋아하니까 춤을 추는 데 마음껏 시간을 쓰고 싶어!♪

좋아하는 사람과 보내는 시간이 가장 소중해. 친한 친구들을 만나면 힘을 얻게 되거든.

우리 집 개 코코는 사람으로 치면 할아버지야. 남은 시간이 많지 않아서 코코와 함께 보내는 시간을 소중하게 여기고 싶어.

나는 장래 희망이 디자이너야. 그래서 잡지를 읽거나 길거리에서 스타일이 좋은 사람들의 패션을 체크하는 시간이 즐거워.

시간을 소중하게 여기는 사람들은 다들 반짝반짝 빛나고 행복해 보여. 나도 저 사람들처럼 시간을 멋지게 보내고 싶어.

시간 사용법은 스스로 생각하자

내 시간은 내 마음대로 쓰자

뭐?! 시간을 내 마음대로 써도 된다고?

내 시간은 나만의 것이니까 어떻게 보낼지는 내 자유야. 학교가 끝나면 친구랑 놀거나 만화책을 보며 마음대로 시간을 써도 돼. 단, 시간을 마음대로 쓰는 건 좋지만 그 때문에 나중에 곤란해지는 사람도 나라는 점을 항상 명심해야 해. 따라서 '몇 시까지만'이라는 식으로 정해서 스스로 시간을 잘 관리하자.

그럼, 물론이지!♪ 그렇지만 시간은 한정되어 있으니까 어떻게 쓸지에 대해서 잘 생각해야 해. 이제부터 시간을 잘 관리하고 사용하는 연습을 해 보자!

시간을 잘 사용하는 요령

정답은 없어

시간 사용법에는 정답이 없으니까 어떻게 하고 싶은지 자유롭게 생각해 보자. 다른 사람의 의견을 참고하는 것도 좋지만, 결국에는 스스로 정해야 해.

무엇이 중요한지 생각하자

짧은 시간 안에 빨리 끝나는 쪽을 선택할 것인지, 시간이 걸려도 재미난 쪽을 선택할 것인지 등 그때그때 무엇을 중요하게 생각하느냐에 따라 선택의 길도 달라져.

미래의 내가 어떻게 생각할까?

이 길을 고른다면 지금의 나는 즐겁지만 나중의 내가 곤란해지지 않을까? 과연 미래의 나 역시 기뻐할 수 있는 길일까? 가까운 미래의 나, 내일의 나, 어른이 된 나를 떠올려 보자.

1 어느 쪽이 좋아?

좋다고 생각하는 쪽에 동그라미를 쳐 봐!

★ 여행을 간다면?

| 목적지까지 비행기로 한 번에 | 역마다 정차하는 기차로 느긋하게 |

★ 간식을 3,000원어치 산다면?

| 가격은 보통이지만 가까운 편의점 | 조금 멀지만 가격이 저렴한 할인점 |

★ 책 속 주인공이 된다면?

| 젊어지는 샘물을 지나치게 많이 마셔서 결국 아기가 되어 버린 욕심쟁이 영감이 등장하는 <젊어지는 샘물> | 뱀으로부터 목숨을 구해준 선비를 구하기 위해 자신을 희생한 까치가 등장하는 <은혜 갚은 까치> |

어른들은 왜 "빨리빨리!"라고 재촉할까?

나도 나름대로 서두르고 있는데 어른들은 왜 자꾸 "빨리 해!"라고 재촉하는지 모르겠어….

나도 자주 혼나. 아침에도 밤에도 "빨리빨리", "빨리 좀 해!"라는 잔소리…. 정말 듣기 싫어.

어른은 아이보다 더 앞으로의 일을 잘 예상할 수 있어

내 시간은 나만의 것이고 곤란해지는 것도 나인데, 가족이 "빨리 일어나!" "빨리 숙제 해야지!"라고 잔소리하는 건 어째서일까? 가족은 내가 늦잠을 자도, 숙제를 안 해도 사실 아무 상관이 없잖아. 그런데 왜 나한테 화를 내고 다그치는 걸까?

그건 어른이 아이보다 인생 경험이 더 많아서 앞으로 어떤 일이 생기게 될지 예상할 수 있기 때문이야. 늦잠을 잤다가 혹시 나에게 문제가 생길까 봐 걱정이 되어 말하는 거지.

예를 들면…

친구와 오후 1시에 만나기로 약속한 아이가 있어. 아직 시간이 남았는데 엄마가 아이에게 "빨리 준비해!"라며 화를 내는 모양이야. 대체 엄마는 왜 화를 내는 걸까?

'어른 안경'을 써 보자

여기 어른의 마음을 꿰뚫어 볼 수 있는 '어른 안경'이 있어. 이걸 쓰고 예로 든 엄마의 기분을 확인해 보자.

빨리 해!

늦었잖아!

친구를 기다리게 만들면 미안한 마음이 들잖니. 그리고 엄마는 그 일로 네가 친구한테 미움 받게 될까 봐 걱정돼. 네가 친구와 사이가 멀어져서 슬퍼하는 모습은 보고 싶지 않거든.

활동 — 생각해 보자

아래 그림처럼 화를 내는 아빠의 기분에 대해 '어른 안경'을 쓰고 생각해 보자.

빨리 숙제해야지!

1 시간은 누구의 것일까?

시뮬레이션을 해 보자

'이렇게 하면 어떻게 될까?' 하고 앞일을 생각해 보자

내 시간은 내 마음대로 사용해도 괜찮아. 그렇지만 만일 부모님이 "빨리 해!"라고 말했을 때, 그 말을 듣지 않으면 어떻게 될까? 그렇게 무슨 일이 생길지에 대해 미리 떠올려 보는 걸 '시뮬레이션'이라고 해. 시뮬레이션을 해 본 다음 나중에 안 좋은 일이 생길 수도 있겠다 싶으면, 지금 어떻게 해야 좋을지 잘 생각해 보는 것도 좋겠지?

★ 만일 30쪽의 여자아이라면…

 엄마가 "빨리 해!"라고 말한다

⬇ ⬇

말을 듣는다(빨리 외출한다)   말을 듣지 않는다(서두르지 않는다)

⬇ ⬇

약속 시간에 늦지 않는다   30분 늦는다

⬇ ⬇

예정대로 1시부터 친구와 함께 놀 수 있다   어떻게 될까?

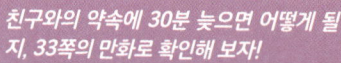

친구와의 약속에 30분 늦으면 어떻게 될지, 33쪽의 만화로 확인해 보자!

다른 사람의 시간도 소중히 여기자

내 시간과 마찬가지로 상대방의 시간도 소중해

시간은 누구에게나 소중한 거야. 만일 시간에 맞춰 도착한 친구를 30분 기다리게 만든다면, 친구는 그만큼 놀 시간이 짧아질 테고, 기다리는 30분 동안 아무 일도 할 수 없게 될 거야. 게다가 아무 연락도 없이 기다리게 만들면 친구는 '무슨 일이 있나?' 하고 걱정할 수도 있지. 친구나 가족 등 주위 사람들의 시간도 내 시간만큼 소중히 여기자!

기다리는 상대방의 기분을 상상할 수 있어야겠구나.

어른이 되어 일을 하게 되었을 때 시간을 제대로 지키지 않으면 일자리를 잃을 수도 있어.

★ 어른 안경을 써 보자

 직장에서 시간을 지키지 못한다면…

약속 시간에 늦으면…

업무 상대를 기다리게 만들면, 그 사람은 기다리는 시간 동안 할 수 있었던 일을 하지 못하거나 늦게 시작할 수도 있어. 그렇게 되면 상대는 피해를 주는 사람하고는 더 이상 같이 일할 수 없다고 생각할지도 몰라.

마감 날짜에 맞추지 못하면…

숙제와 마찬가지로 업무에도 '이 날짜까지 일을 마무리해 주세요'라는 마감 기한이 있어. 그 약속을 지키지 않으면 상대방이 곤란해지지. 약속을 지키지 않는 사람은 믿을 수 없다고 생각해서 더 이상 일을 부탁하지 않을지도 몰라.

생각해 보자

1 친구가 약속 시간보다 30분 늦었어. 어떤 생각이 들까?

2 30분 늦어서 사과했는데도 친구의 기분이 풀리지 않아. 어쩌지?

> 1 시간은 누구의 것일까?

약속 시간에 늦지 않으려면

앞으로는 친구를 기다리게 만들지 않을 거야! 그렇지만 아무리 노력해도 아슬아슬한 시간에 집을 나서게 된단 말이지….

약속 시간에서 역산해서 행동하자

'공원에서 1시'에 만나기로 약속했다면 집에서 몇 분에 나가야 할까? 집에서 공원까지 10분 걸린다면 12시 50분에 집에서 출발하면 되겠지? 그렇게 약속한 시간에서 뺄셈으로 계산해서 생각하는 것을 '역산'이라고 해. 몇 시까지 무엇을 하기로 정했다면 화이트보드 등 잘 보이는 곳에 적어서 잊지 않도록 하자.

지각하지 않기 위한 요령

타이머를 이용한다

'시계 보는 걸 깜빡했어!' 이런 일이 생기지 않도록 외출할 시간 10분 전에 타이머를 맞춰 두는 걸 추천해.

여유를 두고 행동한다

시간을 역산할 때는 되도록이면 여유 있게 하도록 해. 예를 들면 공원까지 10분만에 갈 수 있다고 해도, 도중에 신호에 걸리거나 예상치 못한 일이 생길지도 모르잖아. 그러니까 약속 시간 5분 전에는 도착할 수 있도록 여유 있게 준비해서 행동하도록 하자.

역산해 보자

 친구와 오후 1시에 만나기로 약속했어.
몇 시에 무엇을 해야 할까?

약속 장소는 공원에서

오후 1:00 → 집에서 공원까지 약 10분

★ 약속 시간까지 할 일은 다음 4가지
- ☐ 점심 먹기
- ☐ 이닦기
- ☐ 머리 손질
- ☐ 준비물 챙기기

↓

★ 몇 시에 뭘 해야 할까?

:	
:	
:	
:	
:	집을 나선다

★ 각각 시간이 어느 정도 걸릴까?

점심 먹기	▶	분 정도
이닦기	▶	분 정도
머리 손질	▶	분 정도
준비물 챙기기	▶	분 정도

그래도 늦을 것 같다면?

★ **늦는다고 연락하자**

약속 시간에 늦을 것 같을 때는 상대방에게 미리 이야기하는 게 예의야. 약속 시간이 지났는데도 아무 연락이 없으면 상대방은 '시간을 착각했나?' '혹시 사고가 났나?' 하고 걱정할지도 몰라. 이럴 경우에 대비해 상대방의 휴대폰으로 연락을 하거나 통화가 안 될 경우 집에 전화해 가족에게 이야기를 전하도록 하자.

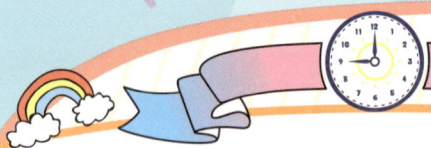

좋아하는 일을 찾아내자

어? 시간 사용법하고 내가 좋아하는 일하고 대체 무슨 상관이 있지?

상관이 있고말고! 이안은 뭘 좋아해?

나는 축구가 좋아!

그렇지만 축구 말고도 해야 할 일들이 있지?

…응. 그날 그날 학교 숙제도 있고, 집에서 풀어야 하는 문제집도 있지….

그것들을 빨리 끝내면 그만큼 좋아하는 축구를 더 빨리 할 수 있겠지? '시간을 잘 관리한다'는 건 바로 그런 거야.

좋아하는 일이란…

- 누가 시키지 않아도 하고 싶은 마음이 생기는 일.
- 그 일을 하면 시간이 순식간에 흐른다고 느낄 정도로 집중하게 되는 일.
- 생각만 해도 마음이 두근거리는 일.

➡ 98쪽을 확인해 봐!

좋아하는 일을 하는 시간을 가장 소중하게 여기자

시간 사용법을 배우는 진정한 목적이 뭐라고 생각해? 건강하게 살기 위해서? 공부나 일을 잘하기 위해서? 다른 사람에게 피해를 주지 않기 위해서? 다 정답이지만 가장 중요한 건 '좋아하는 일을 할 시간을 마련하기 위해서'야.

내가 좋아하는 일은 뭘까? 어떤 일을 할 때 즐겁고 마음이 두근거릴까? 좋아하는 일을 하는 시간이 가장 나답고 충실한 시간이니까 소중하게 여겨야 해.

좋아하는 일이 있으면 좋은 점

좋아하는 일이 있으면 하루하루가 반짝반짝 빛난다

'좋아하는 일'을 하면 날마다 즐겁게 살 수 있어. 즐거움을 느끼는 일이라면 사람은 누가 시키지 않아도 그 일을 위해 적극적으로 머리를 쓰고 긍정적인 마음을 갖게 되지. 그럴 때 사람은 행복을 느끼고 잘 살아갈 수 있는 힘을 얻게 돼.

좋아하는 일을 위해서라면 힘을 낼 수 있다

'좋아하는 일'을 위해서라면 다른 일을 할 때도 힘을 낼 수 있지. 이를테면 힘든 일이나 귀찮은 일을 할 때도 '이 일이 끝나면 내가 좋아하는 일을 할 수 있어'라고 생각하면 즐겁게 할 수 있어.

> 나는 이안이 축구를 좋아하는 것처럼 내가 정말 좋아하는 일을 아직 못 찾았어······.

> 그렇지만 라엘도 그림을 그리거나 만화책 읽는 걸 좋아하잖아? 또 뭘 좋아할까? 다음 활동에서 생각해 보자!

 # 생각해 보자

네가 좋아하는 것은 뭐니? 이안처럼 '정말 좋아!'라고 말할 수 있는 게 무엇인지 생각해 봐.

 어느 쪽을 좋아해?

- 밖에서 논다
- 집에서 논다

- 숨바꼭질을 한다면 **숨는 역할**
- 숨바꼭질을 한다면 **찾는 역할**

- 여러 친구들과 논다
- 몇몇 친구하고만 논다

 어느 쪽을 고를래?

정답은 없으니까 마음이 가는 대로 자유롭게 대답해 봐!

★ 어느 것을 먹을까?

- 먹어 본 적은 없지만 아주 맛있어 보이는 음식
- 먹어 본 적이 있고 좋아하는 음식

★ 무인도에 가져간다면?

- 책 100권
- 게임기 1대

시간은 누구의 것일까?

★ 어디에 살고 싶어?

(여름만 있는 나라)   (겨울만 있는 나라)

★ 무인도에 데려간다면?

(강아지) (고양이) (원숭이) (로봇)

★ 둘 중에서 더 싫은 것은?

(1시간 동안 혼자 있어야 한다)   (1시간 동안 누군가와 함께 있어야 한다)

★ 이 세상에서 사라지면 안 된다고 생각하는 것은?

(음악)   (문자)   (그림)

 나라면 어떻게 할까?

★ 학교 교과목 중에 딱 하나만 누구보다 잘할 수 있게 된다면 어떤 과목을 고를까?

★ 우주에 가게 된다면 무엇을 가지고 갈까?

4 지금 딱 1시간을 자유롭게 쓸 수 있다면 무엇을 하고 싶어?

5 원하는 건 뭐든지 손에 넣을 수 있다면 무엇을 가지고 싶어?

6 만나고 싶은 사람을 한 명만 선택한다면 누구를 만나고 싶어?

시간은 누구의 것일까?

 무엇을 할 때 가장 즐겁고 좋아?

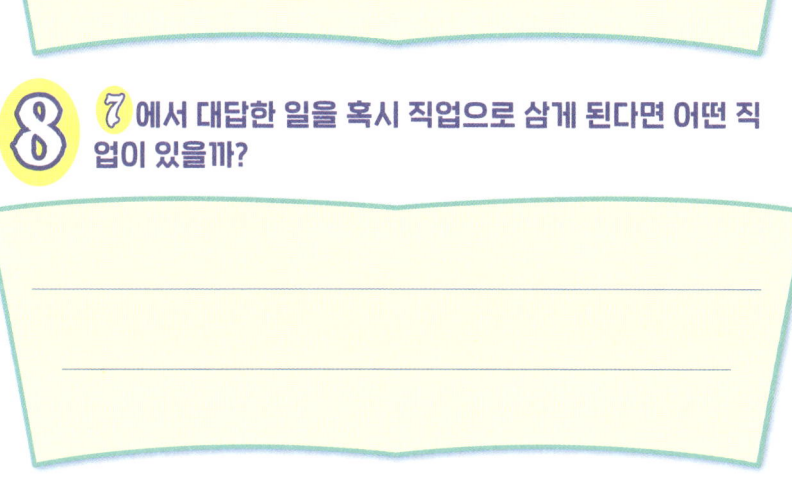

8 7 에서 대답한 일을 혹시 직업으로 삼게 된다면 어떤 직업이 있을까?

그림, 만화, 만들기…. 다 즐겁고 좋아하는 일인데 어떤 게 가장 좋은지는 아직 잘 모르겠어.

좋아하는 일을 꼭 한 가지만 선택할 필요는 없어! 만약 아직 좋아하는 일을 찾지 못했다면, '나는 뭘 하고 싶을까?' '정말로 좋아하는 게 뭘까?' 하고 스스로에게 계속 질문해 봐. 그럼 좋아하는 일을 발견할 수 있을 거야.

[칼럼] **column**

즐거운 시간은 왜 순식간에 흘러갈까?

시간의 체감 속도는 마음가짐과 관련 있다

'친구와 즐겁게 놀 때는 집에 갈 시간이 금방 다가오는데, 어려운 과목의 수업 시간은 너무 더디게 흘러가는 것 같아.' 이런 생각 해 본 적 없니? 물론 시곗바늘은 똑같은 속도로 움직이지만, 시간의 길이는 사람의 마음 상태에 따라 느끼는 정도가 달라져. 즐거울 때는 시간이 짧게 느껴지고 지루할 때는 길게 느껴지지. 그 이유는 지루함을 느끼면 '시간이 얼마나 지났지?' 하고 시계를 자꾸 보게 되는 것처럼 시간의 흐름에 신경 쓰는 횟수가 많아지기 때문이래. 시간에 주의를 기울이는 횟수가 많아지면 그만큼 '마음의 시계'에 많은 시간이 새겨져서 더 길게 느껴진다는 거야. 이와 반대로 즐거울 때는 시간에 신경 쓰는 횟수가 적어서 순식간에 지나간다고 느끼는 거겠지.

시간이 길게 느껴질 때
- 선생님이나 부모님께 혼날 때
- 급한 상황에서 신호가 초록불로 바뀌는 걸 기다릴 때
- 지루할 때

시간이 짧게 느껴질 때
- 좋아하는 TV 프로그램을 볼 때
- 시험 문제를 다급하게 풀 때
- 노래방에서 부르고 싶은 노래가 많을 때

축구 시합에서도 지고 있는 상황에서 필사적으로 점수를 얻으려고 할 때는 시간이 짧게 느껴지는데, 이기고 있는 상황에서 수비할 때는 반대로 길게 느껴져.

시간 감각을 익히자

시간을 잘 관리해 사용하려면 우선 '시간 감각'을 몸에 익히는 것이 중요해! 시간 감각은 어떻게 익힐 수 있을까?

1시간 정도면 끝날 줄 알았는데, 생각보다 시간이 훨씬 더 오래 걸리는 경우가 자주 있더라고.

아직 시간 감각을 제대로 익히지 못해서일 수도 있어. 지금부터 같이 공부해 보자!♪

1시간 후
너무 어려워….
그리고 너무 졸려.
하아…
금방 끝난다고 하지 않았어?
둘 다 이제 잘 시간이야.
아빠
네에~
…후유, 끝났다!
이제 잘 수 있…
아악~!! 서예 붓 빨아야 하는데!
콰악
수지는 '시간 감각'이 아직 없는 모양이야.

'시간 감각'이란 뭘까?

시간을 잘 관리하기 위해서는 먼저 '시간 감각'을 익혀야 해.

'시간 감각'이란?

지금이 대략 몇 시인지, 어떤 일을 하려면 어느 정도의 시간이 필요한지와 같이 시간을 느끼는 감각을 말해. 시간 감각이 없으면 "빨리 해!"라는 말을 들어도 얼마나 서둘러서 해야 할지 알 수가 없어. 그러므로 우선 시간 감각을 익혀서 '시간력'을 향상시켜야 해!

'시간 감각'은 어떻게 익힐 수 있을까?

초등학교에 입학해 시계 보는 법을 배울 무렵부터는 시간이 흐른다는 사실을 느낄 수 있게 되지만, 더 어릴 때는 시간 감각을 깨닫기가 어렵다고 해. 하지만 시계를 자주 보면서 시간을 의식하는 훈련을 하면 조금씩 익힐 수 있지.

지금의 나는 시간 감각이 어느 정도나 있을까? 오른쪽 활동에서 체크해 보자!

활동 생각해 보자
시간력 향상 작전

1 다음 중 '10분' 안에 할 수 있는 일은 어떤 걸까?
(해당되는 것에 모두 ☑ 해 봐!)

- ☐ 다음 날 학교 갈 준비
- ☐ 카레 만들기
- ☐ 축구 시합
- ☐ 좋아하는 노래 한 곡 듣기
- ☐ 빨래
- ☐ 영화 한 편 보기

10분이면 긴 시간이 필요한 일은 못하겠지…

2 '3분' 안에 할 수 있는 일과 '30분' 안에 할 수 있는 일을 생각해 보자.

3분 안에 할 수 있는 일

_____
_____
_____

30분 안에 할 수 있는 일

_____
_____
_____

정답은 없으니까 자유롭게 생각해서 써 보자!

 생각해 보자

3 지금은 몇 시쯤 됐을까? 시계를 보지 말고 예상해 봐.

☁️ [　　] 시 [　　] 분 정도일까?

시계를 보고 확인해 보자!
⬇

실제로는
[　　] 시 [　　] 분 이었어.

예상한 시각과 실제 시각을 비교해 보니 어때? 두 시각이 비슷한 친구는 시간 감각이 있다고 할 수 있어!

4 스톱워치나 타이머를 들고 딱 1분 후 멈춰 보자.

 늘 다니던 곳까지 시간이 얼마나 걸릴까? 예상해 보자.

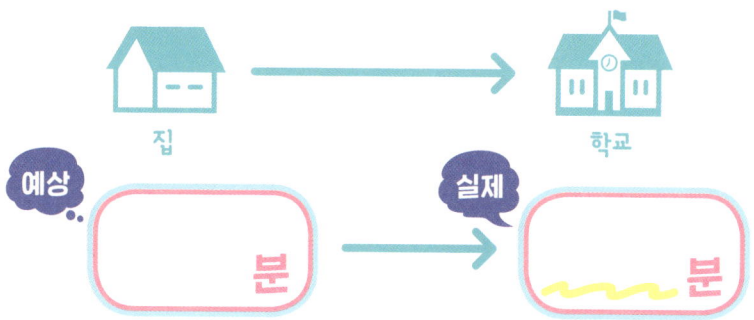

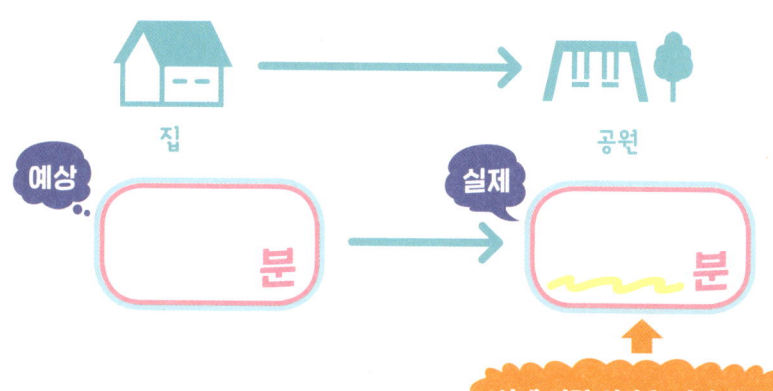

실제 걸린 시간을 적어 보자.

예상한 시간과 실제 시간을 비교해 보니 완전히 달랐어!

네가 늘 지각하는 이유가 바로 그 잘못된 예상 시간 때문이었구나.

평소 자신의 여러 가지 행동에 어느 정도 시간이 걸리는지도 재 봐. 이렇게 시간을 의식해서 체크하다 보면 시간 감각을 기를 수 있어!

하루 동안 사용하는 시간을 되돌아보자

'시간 감각'을 익히기 위해서는 먼저 내가 하루 동안 시간을 어떻게 쓰고 있는지 되돌아봐야 해!

24시간을 어떻게 쓰고 있을까?

TV를 하루에 몇 시간이나 보니? 숙제를 할 때는 시간이 얼마나 걸리는 편이야? 날마다 내가 무엇에 어느 정도 시간을 쓰는지 파악하는 것도 시간 관리 능력을 키우기 위해서 필요한 일이야. 시간은 눈에 보이지 않으니까 잘 알아볼 수 있도록 종이에 적으면 아주 좋겠지.

하루의 시간을 되돌아보는 포인트

1. 학교 바깥에서의 시간을 떠올린다

학교에서는 시간표에 따라 생활하니까 이 부분은 생략해도 돼. 집에 돌아온 이후의 행동을 떠올려서 적어 보자.

2. 행동은 대강만 파악해도 괜찮아

행동을 너무 자세하게 나누지 않아도 돼. 이닦기나 잠옷으로 갈아입기 등은 '취침 준비'와 같이 하나로 묶어 주는 게 좋아.

3. TV는 본 것으로 친다

TV가 틀어져 있다면 집중해서 보지 않더라도 그 시간은 'TV 보기' 시간으로 치자.

자유 시간은 어느 정도일까?

초등학생은 하루에 보통 7~8시간 정도를 학교에서 보내고, 9~12시간 정도 잠을 자는 게 이상적이라고 해. 그렇다면 그 외에 쓸 수 있는 시간은 어느 정도일까? 하루는 24시간이니까 학교에서 보내는 7시간과 자는 9시간을 빼면….

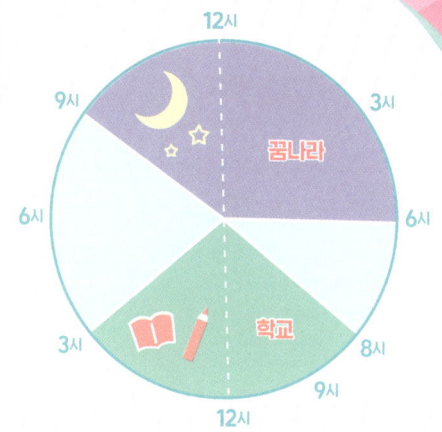

$$24-7-9=?$$

계산해 보니 자유롭게 쓸 수 있는 시간이 그리 많지 않다는 걸 알겠지?

어? 하루 24시간 중에서 남는 시간이 8시간 정도밖에 없잖아?

집에 와서 자기 전까지는 보통 5~6시간이 남는데, 그 시간 동안 내가 뭘 하는지 확실하게 모르겠어….

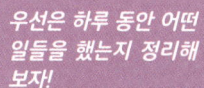

우선은 하루 동안 어떤 일들을 했는지 정리해 보자!

내 행동을 되돌아보고 목록을 작성하자

이제 하루 종일 쓸 수 있는 시간이 고작해야 몇 시간밖에 안 된다는 걸 알았지? 그 시간 동안 내가 뭘 하는지 혹시 떠올려 본 적 있니? 어떻게 시간을 관리하면 좋을지 생각하기 전에, 지금까지 내가 어떻게 시간을 보내 왔는지 되돌아보는 게 중요해. 그 목록을 종이에 적어 보면 내가 어떻게 시간을 보내는지 확실하게 알 수 있어. 54~55쪽의 시트에 자신의 행동 목록을 적어 보자.

목록을 만들어 보자

아침에 일어나서 학교에 가기 전까지 늘 하는 일들을 모두 적어 보자.
(월요일~금요일 중 어느 요일이어도 상관없어.)

-
-
-
-
-
-
-
-

-
-
-
-
-
-
-
-

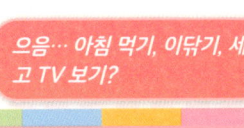
으음… 아침 먹기, 이닦기, 세수하기, 옷 갈아입기? 그리고 TV 보기?

학교에서 집에 돌아온 다음 자기 전까지 늘 하는 일들을 모두 적어 보자.

2 시간 감각을 익히자

-
-
-
-
-
-
-
-
-
-
-
-
-
-
-
-
-
-
-
-
-
-
-
-

이 시트는 내려받을 수도 있어!
http://m.site.naver.com/0VdOT

규칙적인 생활이 중요해

일찍 자고 일찍 일어나면 시간 관리 능력을 기를 수 있다

시간 관리에서 가장 중요한 것은 일찍 자고 일찍 일어나는 습관이야. 사람의 몸에는 '체내시계'(→146쪽)가 있어서, 해가 뜨면 잠이 깨고 밤이 되면 잠이 오게 되어 있어. 체내 시계의 리듬은 보통 24시간. 이게 어긋나면 몸 상태가 나빠지게 돼.

24시간 동안 규칙적으로 생활하면 몸이 시간의 길이를 기억해서 시간 감각도 기를 수 있지.

일상생활에 꼭 필요한 시간은 줄이지 않는다

수면 시간과 식사 시간은 건강하게 생활하기 위해 꼭 필요한 시간이야. 특히 성장기인 초등학생은 바쁘다고 해서 잠자는 시간을 줄이거나 식사를 거르는 일이 없어야 해. 일상생활에 꼭 필요한 시간은 오른쪽과 같은 것들이야.

일상생활에 필요한 시간
- 수면 시간
- 식사 시간
- 씻는 시간
- 옷을 갈아입고 준비하는 시간

성장하는 시기인 초등학생의 하루 수면 시간은 9~12시간 정도가 좋대.

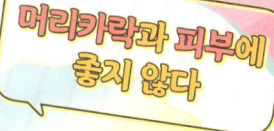

수면 시간이 짧으면 어떻게 될까?

머리카락과 피부에 좋지 않다

잠을 자는 동안에는 '성장 호르몬'이 분비돼서 피부와 머리카락을 건강하게 해 주지. 그런데 수면 시간이 부족하면 성장 호르몬이 제대로 분비되지 못해. 또 식욕을 증가시키는 호르몬이 늘어나서 살찌기도 쉬워진대.

뇌와 몸의 움직임이 둔해진다

충분한 수면은 우리의 몸과 뇌를 쉬게 하고 기능을 회복시켜 줘. 만약 잠이 부족하면 뇌의 움직임이 둔해져서 기억력이 나빠지지.

짜증이 많아진다

밤 늦은 시간에 강한 빛을 쬐는 생활은 뇌에 영향을 미쳐서 감정을 불안정하게 만들어 마음의 균형을 깨뜨릴 수도 있어.

병에 걸리기 쉽다

잠을 잘 못 자면 병으로부터 몸을 지켜 주는 '면역력'이 떨어져서 쉽게 병에 걸리기도 해.

낮 동안 활기차게 생활하지 못한다

밤에 충분히 자지 못하면 당연히 낮 동안에 졸음이 오니까 수업 중에 멍하니 있게 되고, 활기차게 생활할 수 없겠지.

밤 늦게까지 깨어 있으면 몸에 좋지 않구나. 이 정도일 줄 몰랐네.

아침에는 스스로 일어나자

매일 아침 혼자 힘으로 일어나자

아침에 누가 깨우지 않아도 혼자서 잘 일어나니? 시간은 내 것이니까 아침에도 당연히 혼자 힘으로 일어나야 해. 누가 깨워 줘야만 일어날 수 있다면 부끄러운 일이겠지. 가능하면 전용 알람 시계를 준비해서 등교 시간에 늦지 않도록 맞춰 놓고 혼자 힘으로 일어나 보자.

난 아침에 일어나는 게 너무 힘들어. 엄마가 깨워 줘야 겨우 일어난다니까….

나도 아침은 힘들어! 간신히 일어난 다음에도 계속 잠이 쏟아지거든….

잠깐! 둘 다 밤에 너무 늦게 자거나 자기 전에 아래와 같은 행동을 하는 건 아니니?

아침에 눈을 뜨는 건 자기 전의 행동으로 결정된다

늦잠을 자는 원인으로, 우선 수면 시간이 부족하지 않은지 체크해 봐. 초등학생이라면 하루 9~12시간은 꼭 자도록 하자. 또 자기 전에 스마트폰 등에서 나오는 청색광(블루라이트)을 쬐면 잠을 푹 잘 수 없다는 연구 결과가 있어. 자기 직전까지 게임을 하는 것도 흥분 상태가 오래도록 이어지기 때문에 쉽게 잠들지 못하는 원인이 되지.

아침에 개운하게 일어나기 작전!

작전 1 밤에 할 일

알람 시계를 멀리 떨어진 곳에 둔다

알람 시계가 바로 옆에 있으면 울려도 끄고 다시 잠들어 버릴 수 있어. 멀리 떨어진 곳에 둔 알람 시계를 끄기 위해 조금이라도 몸을 움직이면 잠도 깰 거야.

작전 2 밤에 할 일

잠옷을 입는다

잠옷은 수면을 위해 만들어진 옷이라서 몸을 압박하지 않아 편안하게 잘 수 있어. 푹 자고 나면 개운하게 일어날 수 있지!

작전 3 밤에 할 일

따뜻한 물로 목욕한다

자기 전에 따뜻한 물로 목욕하면서 몸을 덥히면 푹 잘 수 있대!

작전 4 아침에 할 일

귀를 잡아당긴다

귀에는 혈 자리가 모여 있어. 귀를 양손으로 가볍게 잡아당기면 혈액 순환이 좋아지면서 잠이 깬다고 해.

작전 5 아침에 할 일

커튼을 열고 햇볕을 쬔다

아침에 햇볕을 쬐면 체내 시계가 조절된대. 커튼을 열어 방에 햇볕이 충분히 들어오게 하면 자연스럽게 잠에서 깰 수 있겠지.

2 시간 감각을 익히자

방과 후 스케줄을 스스로 세워 보자

한정된 시간을 잘 활용하기 위한 스케줄을 생각해 보자

숙제나 학원, 친구들과의 약속처럼 꼭 해야 하는 일과 하고 싶은 일들이 참 많아. 한정된 시간에 이 모든 일을 제대로 하기 위해서는 계획을 세우는 게 중요해. 스스로 계획을 세우고 스케줄 관리를 할 수 있다면 시간에 쫓겨 난처해지는 일은 없을 거야.

난 계획을 세우는 게 너무 어렵던데……

어렵지 않아! 다음과 같은 순서로 하면 아주 간단해!

방과 후 스케줄 세우기

1 할 일을 생각해서 적는다
학교에서 집에 돌아온 다음 자기 전까지 '할 일'을 모두 적어 보자. → 62쪽

2 메모지를 두 가지 색으로 나눈다
'할 일'을 '꼭 해야 하는 일'과 '하고 싶은 일'로 나누자. → 66쪽

3 언제 할지 생각한다
'꼭 해야 하는 일'과 '하고 싶은 일'을 언제 하면 좋을지, 시간에 맞춰 메모지를 붙이자. → 69쪽

4 우선순위를 정한다
메모지 붙인 표를 다시 살펴보면서 우선순위에 두어야 할 것들을 검토하자. → 74쪽

5 메모지를 다시 붙인다
우선순위가 정해졌다면 바뀐 시간에 따라 메모지를 다시 붙이자. → 78쪽

6 스케줄 완성!
메모지를 붙인 시간을 보면서 '방과 후 스케줄'을 적어 보자. → 80쪽

타입별 스케줄 짜는 요령

앨리스 타입은…

요령 1 똑같은 일을 계속하면 금방 지겨워지고 효율성이 떨어지니 중간에 휴식 시간을 끼워 넣자.

요령 2 휴식 시간이 너무 길어지면 꼭 해야 하는 일을 끝낼 수 없으니 타이머 등으로 시간을 맞추자. 집중할 때는 확실히 집중하고 쉴 때는 확실히 쉬는 거야.

신데렐라 타입은…

요령 1 일정들이 너무 빡빡하면 다 해낼 수 없으니 시간을 여유 있게 잡고 계획을 세우자.

요령 2 계획을 세웠으면 타이머나 알람으로 시간을 확인하면서 그 시간 동안에는 집중해야 해. 몇 시까지 무엇을 할지 화이트보드 등에 써 두면 잊어버리지 않겠지.

백설 공주 타입은…

요령 1 오늘 꼭 해야 할 일과 1주일 안에만 하면 되는 일을 나누고, 일정이 너무 빡빡해지지 않도록 주의해야 해.

요령 2 하고 싶은 일을 하는 시간과 느긋하게 쉬는 시간도 계획에 넣자. 부탁을 받으면 잘 거절하지 못하는 편이지? 내가 하고 싶은 일을 우선순위에 두는 건 당연한 일이니까 꼭 계획에 넣어 보자.

가구야 공주 타입은…

요령 1 계획대로 잘 되지 않을 때는 마음을 바꿔서 다른 날에 하는 등 계획을 수정해도 괜찮아!

요령 2 하고 싶은 일이나 좋아하는 일은 열정적으로 하는 타입이니까, 그런 일들을 할 시간을 확보하면서 계획을 짜도록 해. 그러면 하고 싶은 일을 하기 위해서 다른 일도 열심히 하게 될 거야.

방과 후 스케줄 짜기
1 할 일을 생각해서 적자

이안의 경우

먼저 '할 일'을 명확하게 정하자

계획을 세우고 시간을 잘 관리하기 위해서는 그 시간 안에 '할 일'을 스스로 명확하게 파악해야만 해. '할 일'에는 숙제뿐만 아니라 밥을 먹거나 씻는 등 일상생활에 꼭 필요한 시간(56쪽)도 포함돼 있어. 여기서는 학교에서 돌아온 다음 자기 전까지의 스케줄에 대해 생각해 볼 거야. 55쪽의 목록을 참고해서 할 일을 모두 종이에 적어 보자.

- 숙제
- 학습지 과제
- 저녁 식사
- 샤워하기
- 축구 연습
- 달리기
- TV 보기
- 게임하기
- 학교 갈 준비

준비하자 — 두 가지 색 메모지 준비하기!

'할 일'을 다 적었으면, 이제 그걸 '하고 싶은 일'과 '꼭 해야 하는 일'로 나누는 작업을 할 거야(→66쪽). 가능하면 서로 다른 두 가지 색깔의 붙였다 뗄 수 있는 점착 메모지를 준비하자.

집에 메모지가 없으면 오른쪽 메모지를 사용해도 좋아!

 이 메모지는 내려받을 수도 있어!
http://m.site.naver.com/0VdOT

메모지 사용법

63, 64쪽은 선을 따라 잘라 내서 메모지로 사용해 봐.

2 시간 감각을 익히자

1️⃣ 63, 64쪽을 책에서 잘라 내.

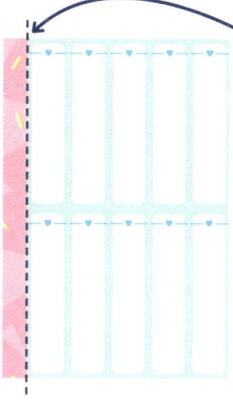

이 점선을 따라 자르는 거야.

2️⃣ 이 세로선과 가로선을 따라 낱개로 잘라 줘.

자르기

3️⃣ 붙일 때는 마스킹 테이프를 사용하면 돼.

> 방과 후 스케줄 짜기

2 메모지를 두 가지 색으로 나누자

'꼭 해야 하는 일'과 '하고 싶은 일'로 나누어 보자

할 일을 모두 적었으면, '꼭 해야 하는 일'과 '하고 싶은 일'로 나누어서 메모지에 적을 거야. 이때 '꼭 해야 하는 일'과 '하고 싶은 일'을 서로 다른 색깔의 메모지에 적으면 돼. 예를 들면 '숙제'나 '저녁밥 먹기'는 '꼭 해야 하는 일'이고, '만화책 읽기', 'TV 보기'는 '하고 싶은 일'이 되겠지.

or

'하고 싶은 일' → 만화책 읽기

학교 숙제 ← '꼭 해야 하는 일'

둘로 나누었으면 67쪽의 표에 각각 붙여 보자!

활동: 메모지를 붙이자

2 시간 감각을 익히자

꼭 해야 하는 일	하고 싶은 일

이 시트는 내려받을 수도 있어!
http://m.site.naver.com/0VdOT

메모지를 붙이고 난 뒤 무슨 생각이 들었니?

라엘의 경우

메모지를 다시 한 번 살펴보자. 어떤 사실을 알 수 있을까?

꼭 해야 하는 일	하고 싶은 일
피아노 연습 / 학교 숙제 / 학원 숙제 / 샤워하기	게임하기 / TV(동영상) 보기 / 만화책 읽기 / 친구랑 놀기
저녁밥 먹기 / 학교 갈 준비 / 방 정리 / 집안일(욕실 청소)	간식 먹기 / 그림 그리기 / 만들기 / 편안히 쉬기

'꼭 해야 하는 일'이 이렇게나 많다니!

이잉~ '하고 싶은 일'도 많은데, 학교에서 돌아온 뒤에 과연 이걸 다 할 수 있을까?

피아노를 좋아하기는 하지만 연습은 하기 싫은데….

방과 후 스케줄 짜기

3 언제 할지 생각하자

언제 할지를 생각해서 메모지를 붙이자

학교에서 돌아와 자기 전까지의 시간 동안 '꼭 해야 하는 일'과 '하고 싶은 일'을 정했다면 언제 해야 할지 생각해 봐.
그런 다음 70~71쪽의 시트에 메모지를 붙이는 거야. 언제 무엇을 할지, 내 시간이니까 우선 자유롭게 생각해서 붙여 봐도 좋아.

자유롭게 하려고 해도 왠지 어렵네. '욕실 청소'는 '샤워하기' 전에 해야겠지?

보통 오후 3~4시쯤 집에 돌아와 9시 반에 자니까 쓸 수 있는 시간은 6시간 정도네…. 축구 연습은 어두워지기 전에 하고 싶은데.

우선 스스로 자유롭게 생각해 본 다음에 언제 할지 붙여 보자!

활동: 메모지를 붙이자

집에 돌아와서 자기 전까지 할 일들을 '언제 할지' 생각하면서 아래 표에 붙여 봐.

오후
3시   **4**시   **5**시   **6**시

방법

1) 학교에서 돌아오는 시간에 선을 긋는다(대략적인 시간이면 돼).

2) 매일 자는 시간을 정해서 선을 긋고, 그 아래에 '잠자기'라고 적는다.

3) 각각의 일을 언제 할지 생각해 보고 메모지를 붙인다.

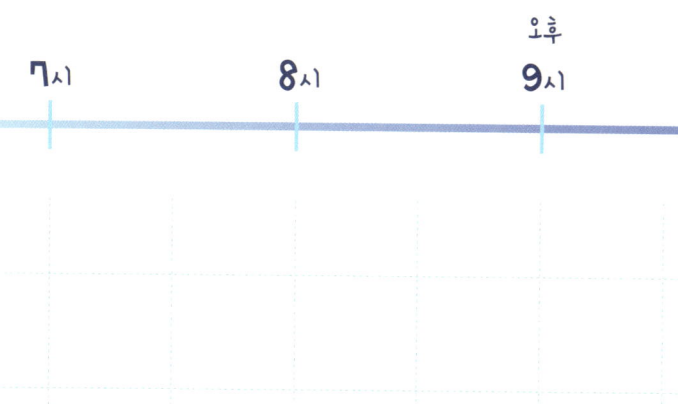

이 시트는 내려받을 수도 있어!
http://m.site.naver.com/0VdOT

표를 보고 무슨 생각이 들었니?

70~71쪽의 시트에 할 일을 적은 메모지를 붙여 보았지? 그 시트를 보고 깨달은 점이 있을까? '꼭 해야 하는 일'과 '하고 싶은 일'이 너무 많으면 6시간 안에 모두 해내기 어려울지도 모른다는 생각이 들지 않니?

 라엘의 경우

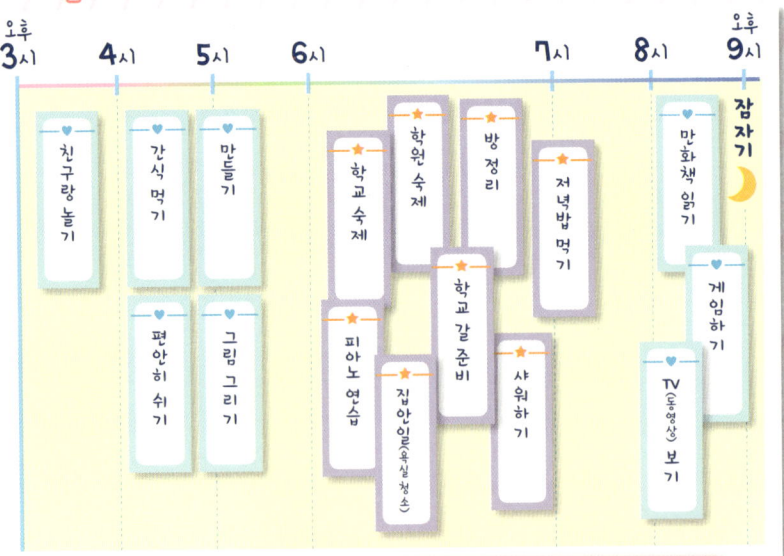

앗, 그러고 보니 오후 6시부터 저녁밥 먹는 7시까지 꼭 해야 하는 일이 너무 많네?!

하고 싶은 일도 많은데, 8시부터 9시 사이에 저걸 다 할 수 있을까?

활동 | 깨달은 사실을 적어 보자

시간 감각을 익히자

자신이 직접 만든 표를 살펴보고 느낀 점을 자유롭게 적어 봐!

방과 후 스케줄 짜기

4 우선순위를 정하자

나한테 가장 중요하고 급한 일이 뭘까?

70~71쪽의 시트에 메모지를 붙일 때 어떤 기준으로 붙였니? 여러 가지 할 일이 있을 때 '그냥' 마음이 가는 순서대로 붙이다 보면, 잠자기 전까지 끝내지 못하는 일이 있을지도 몰라. 무슨 일이 있어도 그날 해야 하는 일, 이를테면 '숙제'는 반드시 그날 끝내야 돼. 이처럼 '중요도'와 '긴급도'를 정해서 스케줄을 짜면 시간을 잘 활용할 수 있어.

'중요도'란?

안 하면 곤란해지는 일, 예를 들면 '저녁밥 먹기' 등은 중요도가 높아. 또 무슨 일이 있어도 하고 싶은 일도 중요도가 높은 편에 속해.

'긴급도'란?

최대한 빨리 해야 하는 일은 '긴급도'가 높아. 예를 들면… '숙제하기'와 '몸이 안 좋을 때 병원에 가기' 중에서라면 병원에 가는 일이 더 긴급도가 높겠지.

우선순위를 생각할 때는 그림을 이용하자

'중요도', '긴급도'는 오른쪽처럼 그림을 그려서 생각해 보는 걸 추천해. 다음 페이지에 나오는 그림에 '꼭 해야 하는 일', '하고 싶은 일'을 적은 메모를 붙여서 우선순위를 정리해 보자.

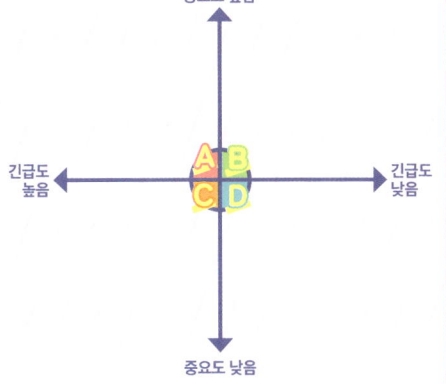

A 오늘 꼭 해야 하는 중요한 일. 중요하고 긴급함

B 오늘이 아니어도 되지만 꼭 해야 하는 일

C 오늘 꼭 해야 하지만 그다지 중요하지는 않은 일

D 아무 때나 해도 되고 크게 중요하지도 않은 일

중요도 높음 / 긴급도 높음 ← → 긴급도 낮음 / 중요도 낮음

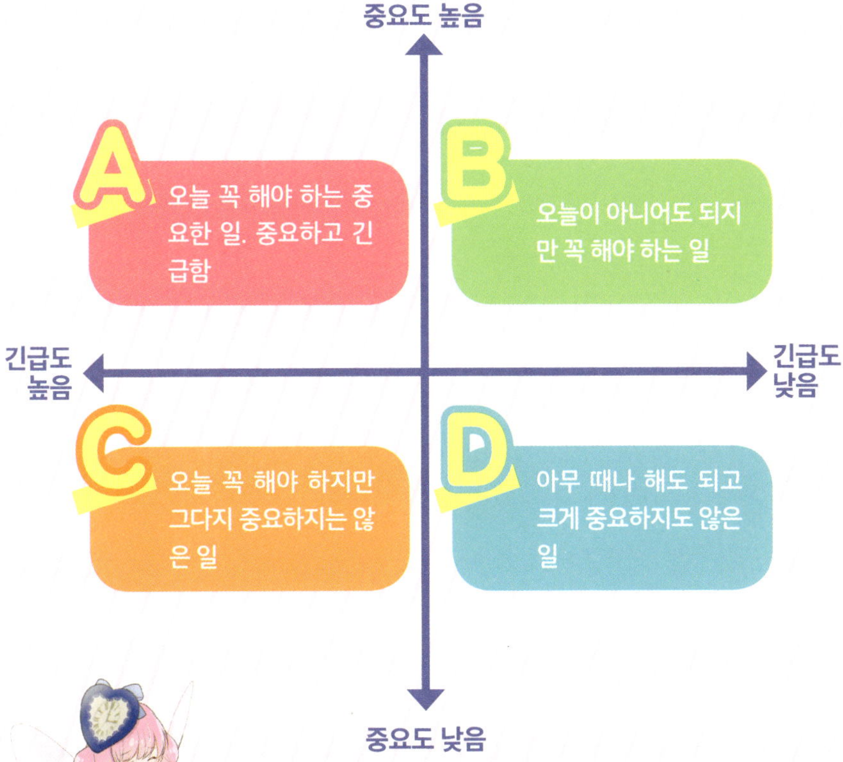

이 작업을 하고 나면 어느 것을 먼저 하면 좋을지 우선순위가 뚜렷해져. 그러면 바로 행동으로 옮길 수 있어!

활동 메모지를 붙이자

'숙제'는 오늘 꼭 해야 하는 일이니까, A겠지?

긴급도 높음 ←

'피아노 연습'은 발표회까지 아직 시간이 있으니까 중요도는 낮지만 날마다, 그리고 밤이 되기 전에 해야 하니까 C가 되겠네.

좋아하는 만화책을 읽거나 TV를 보는 것도 중요한 시간이라고 생각해도 되겠지? 그리고 집에서 하는 학습지 과제는 오늘 꼭 하지 않아도 되니까, B 정도?

중요도 높음

긴급도 낮음

어쩌면 C나 D가 없는 사람도 있을지 몰라. 그럴 때는 A와 B 중에서 특히 더 서둘러야 하는 쪽을 먼저 하면 돼!

중요도 낮음

이 시트는 내려받을 수도 있어! http://m.site.naver.com/0VdOT

방과 후 스케줄 짜기
5 메모지를 다시 붙이자

우선순위를 확인하면서 실행할 시간을 정하자

76~77쪽에서 우선순위를 확인했다면, 중요한 일과 빨리 해야 하는 일 먼저 시간을 정하자. 오늘 꼭 하지 않아도 되는 일은 이번 주 안에 시간이 나는 날로 일정을 넘겨도 좋아(→102쪽).

'학교 숙제'와 '피아노 연습'은 집에 와서 바로 하고, '만들기'는 숙제를 끝낸 다음 '저녁밥 먹기' 전에 할까?

활동 · 생각해 보자

★ **메모지를 다시 붙이는 포인트**
- 중요도와 긴급도가 높은 것부터 실행할 시간을 정하자.
- '꼭 해야 하는 일'을 먼저 하면 '하고 싶은 일'에 쓸 수 있는 시간이 많아져!
- 메모지를 모두 붙여야 하는지에 대해서도 생각해 보자. 꼭 오늘 하지 않아도 되는 일이나 별로 중요하지 않은 일은 쉬는 날이나 시간이 남는 다른 날로 넘기면 어떨까?

내 스케줄은 이렇게 바뀌었어!

메모지를 활용하는 꿀팁

'꼭 해야 하는 일'과 '하고 싶은 일'을 색깔이 다른 메모지로 구분했다면, 이제 그것들을 실행할 순서대로 화이트보드에 붙이자. 잘 보이는 곳에 메모지를 붙여 두고 끝마칠 때마다 해당 메모지를 떼어 내면, 깜빡하고 잊어버릴 일도 없고 '다 했다'는 성취감도 느낄 수 있어!

만약 1~5의 순서에 따라 스케줄을 짤 시간이 없다면, 메모지를 이용해서 '하고 싶은 일'과 '꼭 해야 하는 일'을 구별하는 것만으로도 시간 관리가 훨씬 쉬워질 거야!

활동 방과 후 스케줄을 적어 보자

방법

❶ 81쪽을 복사하거나 해당 사이트에서 '방과 후 스케줄'표를 내려받자.

❷ 78~79쪽에서 메모지를 붙이며 정한 시간을 적어 보자.

이안의 방과 후 스케줄

> 축구를 잘하고 싶으니까 연습과 달리기는 하루라도 빼먹으면 안 돼.

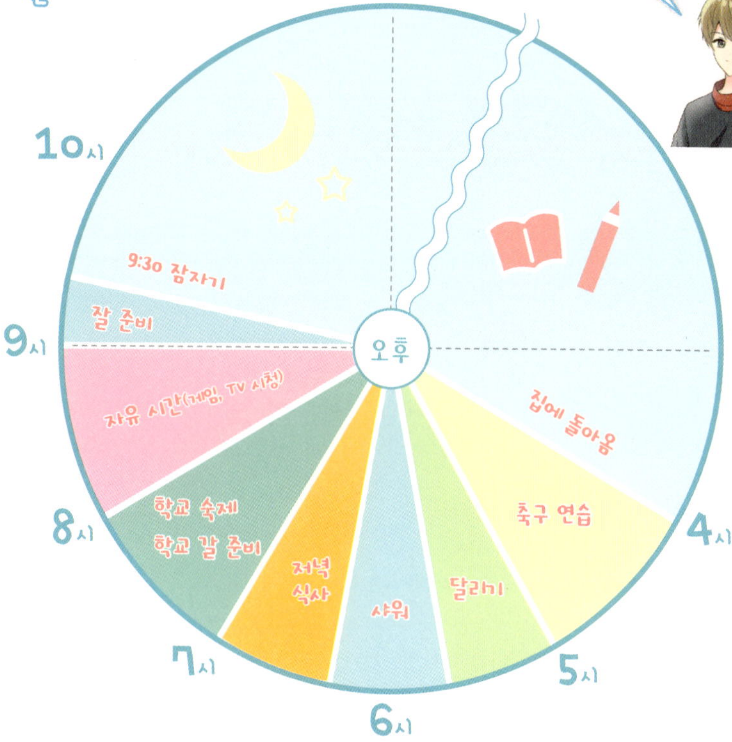

- 9:30 잠자기
- 9시 잘 준비
- 자유 시간(게임, TV 시청)
- 8시 학교 숙제 / 학교 갈 준비
- 7시 저녁 식사
- 샤워
- 6시
- 달리기
- 5시 축구 연습
- 4시 집에 돌아옴
- 3시 오후

이름 ☐ 의 방과 후 스케줄

70~71쪽 시트에 다시 붙인 메모지를 보면서 나만의 스케줄을 정해 적어 봐!

오후

10시
9시
8시
7시
6시
5시
4시
3시

이 스케줄표는 내려받을 수도 있어! http://m.site.naver.com/0VdOT

계획대로 실행하려면 어떻게 해야 할까?

어른들도 계획한 대로 실행하지 못하는 경우가 많아. 그럴 때는 계획과 진행 방법을 다시 살펴봐야 해!

열심히 고민해서 세운 계획도 잘 지켜지지 않을 수 있다

분명 오랜 생각 끝에 세운 계획인데, 어느새 시간이 훌쩍 지나가 버리기도 해. 이렇게 계획대로 진행되지 않는 경우는 누구에게나 흔히 있는 일이야. 그 이유로는 크게 세 가지를 들 수 있어. 내가 계획대로 하지 못한 이유가 뭔지 생각해 보고, 함께 대책을 생각해 보자.

계획대로 되지 않는 세 가지 이유

1 일정이 빡빡하다

분명히 계획한 대로 실행하고 있는데 예정대로 끝나지 않는 것은 일정을 너무 빡빡하게 잡았기 때문일 수도 있어.

➡ 84~85쪽을 확인하자!

2 의욕이 나지 않는다

막상 실행하려고 보니 귀찮아서 시작이 늦어져 버린 경우야. 스스로 세운 계획이니까 의욕을 높이는 방법을 생각해 보자.

➡ 86~89쪽을 확인하자!

3 집중이 안 된다

시작은 계획대로 했는데 도중에 지겨워져서 다른 일을 하게 되고, 정신을 차려 보니 계획했던 시간이 지나 버렸어….

➡ 90~91쪽을 확인하자!

이렇게 해 보자

일정을 무리하게 짜지 않았는지 검토한다

계획대로 실행하는데도 끝이 안 나는 것은 쓸 수 있는 시간과 계획한 일에 필요한 시간이 맞지 않기 때문이야. 이럴 때는 계획을 재검토하고 '할 일'을 너무 빡빡하게 채워 넣은 것은 아닌지 확인해야 돼. 우선순위를 정해서 오늘 안 해도 되는 일은 쉬는 날에 하도록 조절해 보자.

'계획을 세운다→실행해 본다→힘들지 않은지 확인한다→계획을 다시 세운다'를 반복하면서 소화할 수 있는 스케줄을 짜 보자!

시간을 여유 있게 잡는다

예를 들어 숙제를 10분 만에 하겠다고 계획을 세웠는데 그 시간 안에 끝낼 수 없다면 시간을 늘려야 해. 계획을 세울 때는 시간을 '여유 있게' 잡는 것이 요령이야. 학원에 가거나 집에 오는 데 걸리는 시간도 딱 맞게 잡지 말고 5~10분쯤 여유를 두어서 계획을 세우도록 하자.

한숨 돌리는 시간도 필요하다

꼭 해야 하는 일이 많더라도 한두 시간 동안 같은 일을 계속하는 것은 그다지 효율적이지 않아. 집중을 잘하기 위해서는 일정 사이사이에 한숨 돌릴 수 있는 시간을 넣어 주는 게 좋아.

긴 시간 동안 공부를 계속하면 지치고 효율성도 떨어져.

계획대로 되지 않는 **이유 2** 의욕이 나지 않는다

이렇게 해 보자

생각하면 할수록 힘들어진다

꼭 해야 하는 일을 하기 전에 '귀찮아'라든가 '힘들 것 같아'라고 생각하면 하기 싫은 마음이 점점 더 커져. 사실 지금 해야 하는 일은 그렇게 힘든 일이 아닐 거야. 하기 싫은 마음 때문에 점점 더 귀찮아지기 전에 일단 시작하는 것이 중요해. 해야 하는 일을 작게 나눠서 하면 덜 힘들 거야.

'꼭 해야 하는 일'에서도 재미를 찾아내자

무슨 일이든 '하기 싫다'고 생각하면 괴롭기만 하고 잘 해낼 수 없어. 사람의 행동과 뇌는 연결되어 있어서 머릿속으로 '싫다'고 생각하면 행동도 느려진다고 해. 반대로 '해 보자'라고 생각하면 행동이 빨라져서 척척 해낼 수 있다. 그러니까 하기 싫은 생각이 들더라도 '해 보자'라는 즐거운 마음을 가질 수 있는 방법을 궁리해 봐.

예를 들면…
- 한자 쓰기 연습이라면 좋아하는 아이돌 스타의 이름으로 예문을 만들어 본다.
- 계산 문제 풀이라면 타이머로 시간을 재서 가장 빠른 기록 세우기를 목표로 풀어 본다.

의욕이 생기는 테크닉

타이머를 사용한다 ①

앞에 나온 예시처럼 문제 풀이 숙제 등은 타이머로 시간을 재서 '빨리 푸는 것'을 목표로 해 봐. 그럼 의욕이 높아지고, 빨리 끝낼 수도 있으니 일석이조겠지?

15분 하고 5분 쉰다

초등학생의 집중력은 보통 15분 정도 유지된다고 해. 그러니 15분 집중했으면 5분간 뇌를 쉬게 해 주자. 이렇게 기분 전환을 하면 다시 시작하고 싶어질 거야.

타이머를 사용한다 ②

30분 동안 계속 집중하기 어렵다면 더 짧은 시간, 예를 들면 타이머를 5분으로 정한 다음 타이머가 울릴 때까지 그 시간 동안만큼은 무조건 집중하도록 해 봐. 그렇게 하면 엄청난 집중력을 발휘할 수 있어!

할 일 목록을 적어 잘 보이는 곳에 붙인다

할 일을 메모지에 적어서 잘 보이는 곳에 붙여 두자. 눈에 잘 띄는 방식으로 적어 두면 '좋아, 해치우자!'라는 생각이 들 거야.

할 일을 작게 나눈다

무척 어려워 보이는 일이라도 그것을 더 작은 일들로 나누면 할 수 있을 것 같은 기분이 들어. 예를 들어 조사 학습 숙제라면 '주제를 정한다', '책을 고른다', '책을 읽는다', '알게 된 사실을 적는다', '정리한다'로 나눌 수 있겠지.

이것 말고도 다른 방법들이 있으니까, 스스로 의욕을 높일 수 있는 방법을 깨우친다면 여러 가지 일에 도전할 수 있을 거야!

일의 첫 단계를 쉽게 만든다

'귀찮을 것 같아'라는 생각이 드는 일은 첫 단계를 쉽게 만들어서 일단 시작해 봐. 한자 쓰기 숙제라면 첫 단계를 '필통과 공책을 책상에 올려놓기'로 정하는 거지. 다음은 '한 글자든 한 줄이든 일단 써 보기'로 하면 돼.

작은 '즐거움'을 준비한다

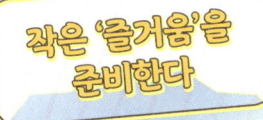

'이 숙제 끝나면 아껴 두었던 초콜릿을 먹어야지.'와 같이 열심히 한 내게 상을 주는 거야. 예를 들면 '매일 15분씩 피아노 연습하기'라고 정했다면, 포인트 카드를 만들어서 끝날 때마다 도장을 찍는 것도 좋겠지. 포인트를 다 쌓았을 때 뭔가 특별한 상을 준비한다면 더욱 의욕이 생길 거야!

너무 완벽하려고 애쓰지 않는다

일을 시작하기도 전에 귀찮아하는 사람 중에는 '완벽하게 해야 해!'라든가, '실패하고 싶지 않아!'라는 마음이 강한 경우도 있어. 물론 잘하는 것도 중요하지만, 집에서 하는 숙제는 틀리더라도 다시 하면 돼.

이렇게 해 보자

타이머를 사용해서 15분간 집중한다

앞 페이지에서도 설명했듯이, 아이들이 집중할 수 있는 시간은 15분 정도. 15분 동안 그 일을 하기로 정했다면 타이머를 맞춰 놓고 그 시간 동안은 다른 생각하지 말고 그 일에만 집중하는 거야. 할 때는 하고 놀 때는 노는 게 중요해.

공부하는 공간에 관계없는 물건을 두지 않는다

공부할 때는 책상 위에 공부에 필요한 물건만 꺼내 놓아야 해. 만화책이나 게임기 같은 것이 책상 위에 있으면 자꾸 눈에 들어와서 집중력이 흐트러지게 되거든. 책상과 방을 잘 정리하는 사람이 대체로 시간 관리도 잘한다고 해.

가족 앞에서 선언한다

"나는 이 시간 동안 숙제를 할 거야!"라고 가족 앞에서 선언하자. 다짐하듯 소리 내서 말하면 의욕도 생기고 분명 가족도 응원해 줄 거야. 자꾸만 놀아 달라고 조르는 동생도 얌전하게 있어 주겠지?

가족 앞에서 선언해 버리면 게으름을 피울 수도 없겠네….

TV나 동영상 시청, 게임은 시간을 정해 놓고 하자

TV(동영상)나 게임은 시간을 정해 놓고 즐기자

하루의 스케줄을 짜 보고 깨달았겠지만, 생각보다 하루 동안 꼭 해야 하는 일이 많아. 때문에 시간 제한 없이 TV를 보거나 게임을 하면 꼭 해야 하는 일을 못하게 되지. TV나 게임은 지속적인 자극을 통해 보는 사람을 그것에 푹 빠지게 해서 시간 감각을 잃게 만들어. 그러니까 스스로 시간을 정해 놓고 그 시간에만 즐기도록 하자.

TV를 계속 틀어 두면 특별히 보려고 한 게 아닌데도 무심코 바라보다 시간이 훌쩍 지나 버리고는 해…

보고 싶은 프로그램을 보는 건 즐거운 일이지만, 다른 일을 하면서 그냥 틀어 놓거나 딱히 볼 것도 없는데 계속 보는 건 시간 낭비 같아.

TV, 동영상, 게임을 제대로 즐기는 요령

스스로 시간을 정한다

스케줄을 정하는 사람도, 실행하는 사람도 나야. 그러니까 게임에 어느 정도 시간을 써도 좋을지 스스로 생각해서 스케줄을 정하자.

가족 앞에서 선언한다

규칙을 정했으면 가족에게도 알리자. 다른 사람에게 선언하면 꼭 지켜야 한다는 마음도 강해지거든. '정해 둔 게임 시간을 지키지 않으면 게임 금지'라는 규칙이 있는 집도 있을지 몰라. 하지만 벌 받기 싫어서 규칙을 지키는 게 아니라, 스스로 정한 일이니까 꼭 지켜야 한다는 생각을 가졌으면 좋겠어.

'게임은 하루에 10시간'과 같은 식으로 아무렇게나 정해 버리면 다른 일을 못해서 곤란해지는 것도 결국 나니까…

TV를 볼 시간이 없을 때는 재방송을 시청한다

스스로 스케줄을 정하고 보고 싶은 프로그램을 보는 건 나만의 즐거움 중 하나니까 괜찮아. 그렇지만 보고 싶은 프로그램과 꼭 해야 할 일이 겹칠 때는 어느 쪽을 우선해야 할지 생각해 봐야 해. 보고 싶은 프로그램은 나중에 재방송으로 시청하거나 OTT* 플랫폼을 이용해도 되겠지?

동영상도 규칙을 정해서 본다

인터넷 동영상은 편한 시간에 언제든지 볼 수 있지만, 다른 동영상까지 보게 되기도 하고 TV보다 훨씬 더 끊기 어려워. 동영상 시청도 하루 1시간, 또는 하루 3편이라는 식으로 스스로 규칙을 정하자. 타이머나 알람 시계 등을 맞춰 놓고 스스로 시간을 관리하는 게 중요해.

*OTT: 인터넷으로 드라마나 영화 등 다양한 미디어 콘텐츠를 제공하는 서비스.

활동: TV나 동영상 시청, 게임 시간을 정하자

1 81쪽에 적은 방과 후 스케줄에서, 하고 싶은 일을 할 수 있는 자유 시간은 어느 정도야?

자유 시간은

[1일 　　　 시간]

⬇

★ 그중에서 'TV나 동영상 시청, 게임'에 써도 되는 시간은 어느 정도야?

TV나 동영상 시청, 게임 시간은

[1일 　　　 시간]

> 내 자유 시간은 하루 약 3시간. 가장 하고 싶은 일은 축구니까, 축구 연습과 달리기에 약 2시간을 쓰고 남은 1시간은 TV 시청이나 게임에 쓰기로 했어.

 어떤 TV 프로그램을 보고 싶어? 보고 싶은 프로그램과 방송 시간을 적어 보자.

요일	프로그램	시간
월		(: ~ :)
화		(: ~ :)
수		(: ~ :)
목		(: ~ :)
금		(: ~ :)
토		(: ~ :)
일		(: ~ :)

★ 위 프로그램 중에서 반드시 보고 싶은 것은?
  1~3위까지 ○를 해 보자.

 TV나 동영상 시청, 게임 시간을 어떻게 조절할지 생각해서 아래에 규칙을 적어 보자.

내가 생각한 규칙은 '평일에는 게임을 하지 않는다', '주말에는 게임을 2시간 동안만 한다'야!

시간을 잘 활용하는 테크닉

수업과 수업 사이의 쉬는 시간이나 버스를 타고 학원으로 이동하는 시간 등 찾아보면 자투리 시간은 꽤 많아!

자투리 시간을 이용한다

자투리 시간이란, 밥이 차려지기를 기다리는 시간처럼 특별히 할 일이 없는 시간을 말해. 자투리 시간은 5분이나 10분 정도로 비교적 짧은데, 과연 이 짧은 시간 동안 할 수 있는 일이 있을까? 학교 갈 준비나 읽기 숙제 정도라면 할 수 있겠지.

짧은 시간을 쌓아 나간다

하루 5분이라는 짧은 시간이 한 달이면 150분이야. 짧은 시간도 모으면 긴 시간이 되지. 오래 걸리는 작업은 짧은 시간에 조금씩 나눠 하는 것도 요령이야. 예를 들어 두툼한 책을 다 읽으려면 시간이 오래 걸리지만, 하루에 5분씩 읽어 나가는 방법도 있겠지.

뇌 활동이 활발해지는 시간대를 파악한다

공부에도 알맞은 시간대가 있어. 글쓰기나 프로그램 만들기처럼 주로 생각하는 일은 오전에 하면 좋은데, 오전 10시부터 오후 2시 정도까지 그 상태가 이어진다고 해. 또 계산과 같은 활동은 오후 4시부터 8시 정도에 하면 효율적이래. 집중력이 필요한 작업을 하려면 밤 늦은 시간은 피하는 게 좋아.

참고로 몸의 움직임이 활발한 시간은 오후 4시부터 8시래. 오후 축구 연습 시간으로 딱 좋겠어.

시간 관리를 잘하는 사람은 아래와 같은 테크닉을 쓴다고 해. 우리도 따라 할 수 있는 것은 따라 해 보자!

아침 시간을 이용한다

밤에 자기 전까지 끝마치지 못한 일은 다음 날로 넘길 수 없는지 생각해 보자. 예를 들면 학교에서 돌아온 뒤에는 학원 때문에 바쁘니까 다음 날 아침에 조금 일찍 일어나서 숙제나 학습지를 하는 거야. 충분히 자는 것도 중요하니까 무리하지 않는 범위 안에서 일찍 일어나 보자.

동시에 두 가지 일은 금물

TV를 보면서 숙제를 하는 것처럼, 두 가지 일을 동시에 하면 집중이 안 돼서 결국 숙제를 끝내지 못하게 돼. 숙제 시간을 정했으면 TV를 끄고 숙제에만 집중할 수 있는 환경을 만들자.

휴식 시간을 끼워 넣는다

긴 시간 동안 계속 집중해서 학습하는 것과 중간에 휴식 시간을 넣는 것 중에서 휴식 시간을 넣는 쪽이 더 효율적이라고 해. 단, 휴식이 너무 길어지면 오히려 효율이 떨어지므로 주의하자. 시험공부처럼 뭔가를 외워야 할 때에도 중간에 휴식 시간을 가져야 암기력이 더 좋아진대.

시간을 저축한다

포인트 카드를 만들어 '꼭 해야 하는 일을 계획한 시간 안에 끝냈으면 1포인트 쌓기'와 같은 식으로 시간 관리를 즐겁게 할 수 있는 방법을 생각해 보자. 예를 들어 할 일이 예정보다 빨리 끝나면 병에 구슬 한 개를 넣고, 그 병이 가득 차면 저축한 시간만큼 가족과 함께 외출하는 것도 신나는 일이겠지!

마음이 두근거리는 시간을 소중히 여기자

두근거리는 일을 하는 시간은 인생에서 가장 소중하다고 할 수 있어. 좋아하는 일을 하면서 마음이 두근거리는 시간을 반드시 가져 보자!

'하고 싶은 일'이 뒷전으로 밀려나지는 않았니?

시간 관리의 목표는 '꼭 해야 하는 일'을 시간에 맞춰 끝내는 것만이 아니야. 자기가 좋아하는 일에도 시간을 쓸 수 있어야 배우는 의미가 있지! 내가 좋아하는 일, 하고 싶은 일을 즐기는 시간은 나를 빛나게 하고 성장시켜 줄 거야. 스스로 짠 스케줄을 다시 한 번 검토해서 '두근거리는 일'이 포함되어 있는지 확인해 보자.

좋아하는 일이라면 뭐든 괜찮아!

피아노 치기, 책 읽기, 드라마나 애니메이션 보기, 강아지랑 놀기, 무언가를 만들기, 스포츠 등등…. 하다 보면 즐거워서 정신없이 빠져드는 일이 뭘까? 그렇게 내 마음이 두근거리는 시간을 소중히 여기자.

정말로 좋아하는 일이란?

누가 시키지 않아도 하고 싶은 일이 뭘까?

정말로 하고 싶은 일은 누가 시키지 않아도, 칭찬하지 않아도 하고 싶어지는 법이야. 그렇게 내가 '하고 싶어 하는 일'이야말로 정말로 좋아하는 일이 아닐까?

그걸 하는 동안 마음이 두근거리니?

좋아하는 일을 하는 동안에는 즐겁고 재미나서 시간이 순식간에 지나가 버릴 거야. 하지만 좋아서 시작한 일이라도 사실 그렇게까지 즐겁지 않다면 그냥 심심풀이일 가능성도 있어.

내 마음의 소리에 귀를 기울이자

머리의 소리
연습 문제를 푼 다음에는 빨리 한자 쓰기를 해야 돼!

마음의 소리
해야 할 일이 너무 많아서 지쳤어. 잠깐 쉬고 싶은데…

가끔은 머리로 생각하는 것과 마음이 원하는 것이 다를 때가 있어. '꼭 해야 하는 일'은 머리로 생각해서 판단한 것이고, '하고 싶은 일'은 마음이 원하는 일이지. 만약 머리의 소리만 따르다 보면 마음의 소리를 깨닫지 못해서 마음이 점점 괴로워지기도 해. 따라서 내 마음의 소리에도 귀를 기울이고 '정말로 하고 싶은 게 뭐지?'라고 생각하는 습관을 기르면 내가 하고 싶은 일, 두근거리는 일을 찾아낼 수 있을 거야.

활동: 두근거리는 일, 하고 싶은 일이 뭘까?

1. 시간이 순식간에 흘러간다고 느끼는 건 언제야?

2. 머릿속으로 떠올리기만 해도 두근두근 설레는 일은 뭐야?

> 1번은 '친구와 수다를 떨 때'야. 2번은 '만들기를 할 때', '좋아하는 아이돌이 나오는 프로그램을 볼 때' 아닐까?

 마음의 소리에 귀를 기울여 보자. 이럴 때 마음의 소리는 어떤 말을 할까?

숙제가 아주 많을 때

머리의 소리

마음의 소리

머리의 소리

피아노 발표회가 얼마 남지 않았을 때

마음의 소리

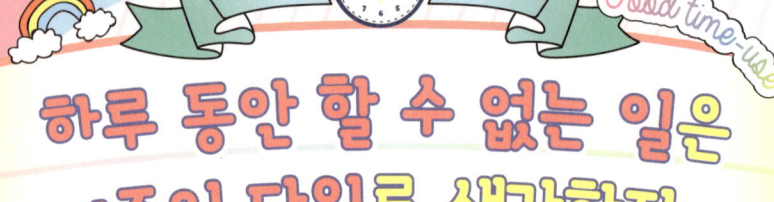

하루 동안 할 수 없는 일은 1주일 단위로 생각하자

라엘의 경우

수요일은 댄스 학원에 가니까 평소보다 쓸 수 있는 시간이 1시간 적어.

★ 수요일에 할 일의 우선순위는…

우선순위를 확인하고 다른 날로 넘겨도 괜찮아

'할 일이 너무 많아서 도저히 오늘 안에 끝낼 수 없겠어….' 이럴 때는 중요도와 긴급도가 높은 것부터 먼저 하고, 나머지는 다른 날에 해도 괜찮을지 생각해 봐. 예를 들어 집에서 매달 하는 학습지와 매일 해야 하는 학교 숙제가 있다면, 우선순위는 학교 숙제가 더 높겠지? 학습지는 이번 달 안에만 끝내면 되니까, 1주일 중에서 여유가 있는 날에 하면 될 거야.

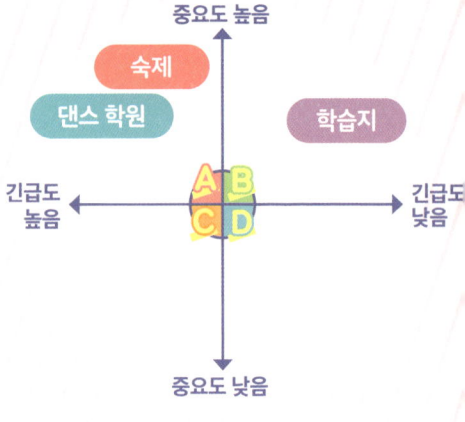

댄스 학원과 숙제는 수요일에 꼭 해야 하는 일이니까 학습지는 숙제가 없는 토요일에 하면 되겠다.

 꼭 해야 하는 일을 '그날에 할 일'과 '1주일 안에 할 일'로 나눠서 적어 보자.

그날에 할 일	1주일 안에 할 일

2 학원 등으로 바쁜 날은 무슨 요일이야?

◯◯◯◯ 요일

3 바쁜 요일에 정해진 일정 중에서 다른 날로 넘길 수 있는 건 뭘까? 그 일들은 언제 하면 좋을까?

→ 언제 하지?

준비물을 깜빡하고 못 챙기면 시간을 낭비하게 돼

**준비물을 잘 챙기는 것도
시간을 잘 관리하는 비결**

준비물을 깜빡하고 못 챙기면 그 시간에 해야 하는 일을 못하게 될 수 있어. 예를 들면, 수영 수업이 있는 날에 수영복을 깜빡하고 안 가져와 수영장에 들어갈 수 없다든가, 열심히 숙제를 했는데 집에 두고 와서 안 한 거나 다름없는 상황이 되는 경우 등이 있지. 준비물을 빌릴 수도 있지만, 필요한 물건은 반드시 챙겨서 시간 낭비를 하는 일이 없도록 하자.

미술 시간에 필요한 만들기 재료를 깜빡하고 놓고 와서 만들고 싶은 작품을 못 만들었을 때 너무 속상했어.

준비물을 깜빡하는 것도 그렇지만, 리코더를 가져가야 하는데 어디에 있는지 못 찾아서 1시간 정도 온 집 안을 뒤진 것도 시간 낭비였나 봐.

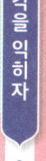

2 시간 감각을 익히자

준비물을 잘 챙기는 테크닉

화이트보드나 메모지에 적는다

준비물을 알기 쉽게 화이트보드나 메모지에 적어 두고, 가방에 하나씩 챙겨 넣으면서 지우거나 메모지를 떼어 내면 돼.

집에 오면 가방 안에 든 것을 모두 꺼낸다

학교에서 받은 프린트를 부모님께 보여 드리고 스스로 챙길 수 없는 것들은 준비해 달라고 부탁하자. 그때 숙제도 바로 확인해서 책상 위에 꺼내 놓는 거야.

교과서나 공책 등은 정해진 곳에 둔다

교과서나 공책 등의 학용품을 정해진 곳에 같이 두면 공책만 빠뜨리는 실수를 막을 수 있어. 책상 서랍의 맨 위칸을 추천해.

활동

학교 갈 준비는 언제 하면 좋을까? 준비하는 시간을 정해 보자.

학교 갈 준비를 하는 시간

81쪽에서 만든 방과 후 스케줄에도 적어 두자.

전날 밤에 미리 준비해 반짝이는 나를 만들자

날마다 관리하면 아침에 여유가 생긴다

저녁에 머리를 감고 나서 말리지 않고 잤다가 다음 날 외출하려는데 너무 뻗쳐서 애먹은 적이 많아….

아침에는 아무래도 시간이 빠듯하다 보니 마음에 드는 옷을 고르거나 머리 손질에 제대로 신경 쓰지 못할 때가 있지?
가뜩이나 시간이 부족한 아침에 할 일이 너무 많으면 당황하게 돼. 그러니까 학교에 입고 갈 옷은 전날 미리 코디해 두고, 할 수 있는 일 또한 미리 해 두기를 추천해. 또 머리나 피부도 매일 관리하면, 꾸미는 것도 더 즐거워지고 자신감 있게 외출할 수 있어.

나도야~ 양말에 구멍이 나 있거나 셔츠 단추가 떨어져 있는 건 꼭 외출하기 직전에 발견하게 되더라.

미리 코디해 두기

분주한 아침 시간이 아니라, 전날 시간 여유가 있을 때 미리 챙기면 차분하게 코디할 수 있을 거야. 다음 날의 날씨나 기온, 학교에서 어떤 수업이 있는지, 누군가와 약속이 있는지 등을 확인해서 입고 갈 옷을 고르도록 하자.
옷이 구겨지거나 얼룩진 곳이 있는지도 미리 확인해 두면 나가기 직전에 당황하는 일이 없겠지?

머리 손질

머리를 감은 다음에는 수건으로 물기를 닦고 드라이어로 확실하게 말리자. 머리카락이 젖은 채로 자면 뻗치기 쉬워서 다음 날 아침에 머리를 손질하는 데 시간이 많이 걸리게 돼.

피부 관리

특별한 관리는 필요 없지만, 매일 세수와 샤워를 꼼꼼히 해서 피부 트러블이 생기지 않도록 하자.
피부가 건조해서 푸석거릴 때는 보습 크림 등을 발라 주는 게 좋아.

• 이런 점도 체크! •

☐ **손톱이 너무 길지 않니?**

손톱이 너무 길면 부러질 위험이 있을 뿐만 아니라 손톱 밑에 때가 끼기도 쉬워. 정기적으로 체크해서 자르도록 하자.

☐ **손수건, 티슈는 챙겼니?**

청결은 아름다움의 기본이야. 매일 깨끗한 손수건이나 티슈를 가지고 다니자. 옷에 주머니가 없다면 작은 가방에 넣어서 챙겨도 돼.

☐ **신발은 더럽지 않니?**

모처럼 예쁘게 차려입었는데 신발이 더러우면 인상이 나빠지지. 신발이 더러워졌다면 그때그때 빨거나 닦아내도록 하자.

느긋하게 있는 시간도 중요해

충전을 위해 가끔은 몸과 마음을 푹 쉬게 해 주자

'할 일이 많아서 시간도 부족한데, 쉴 시간이 어디 있어?'라고 생각할지도 몰라. 그런 사람이야말로 아무것도 하지 않고 쉬는 시간을 가져야 해. 몸과 마음을 푹 쉬게 해 주는 것도 시간을 잘 사용하는 일이거든. 날마다 있는 힘을 다 쓰면 금방 지쳐 버리고 말겠지. 몸과 마음을 쉬게 하는 시간은 에너지를 충전해서 다시 기운을 내는 데 꼭 필요해.

졸릴 때는 무리하지 말고 자야 해. 몸이 쉬고 싶다는 신호를 보낼 때는 확실하게 쉬도록 하자.

머리의 소리, 마음의 소리뿐 아니라 '몸의 소리'도 있어. 왠지 모르게 기운이 없을 때나 컨디션이 안 좋을 때는 몸이 '쉬고 싶어'라고 말하고 있는 거야. 그럴 때는 무리하지 말고 푹 쉬어야 해.

나도 축구 연습으로 지쳤을 때는 일단 빨리 자고, 다음 날 아침에 개운한 몸 상태로 숙제를 할 때도 있어.

멍하니 생각에 빠지는 건 시간 낭비가 아니야

왠지 모르게 멍해지거나 이것저것 생각하느라 아무것도 손에 잡히지 않았던 적은 없니? 다른 사람이 보기에는 아무것도 하지 않는 것처럼 보여도, 사실 머리나 마음은 팽글팽글 돌아가고 있을지도 몰라.

그렇게 이것저것 생각하면서 자기 자신과 마주하는 시간도 무척 중요해. '정말로 좋아하는 일'이나 마음의 소리는 자신의 마음과 마주해야만 깨달을 수 있거든. 때로는 혼자서 조용히 마음과 이야기를 나눠 보자.

아무것도 하지 않으면 시간이 아깝다는 생각이 들어서 나도 모르게 일정을 꽉꽉 채우고는 해.

여러 사람에게 휘둘리다 보면 혼자서 멍하니 생각하는 시간을 갖기 어려워. 자신을 소중히 여기고 있는지도 꼭 체크해 보자!

• 내 시간을 소중히 여기고 있을까? •

☐ **친구가 같이 놀자고 하면 내키지 않아도 나간다**

친구들과 사이좋게 지내는 건 좋지만 내 마음의 소리에도 솔직해지자. 친구의 제의가 내키지 않으면 거절해도 괜찮아.

☐ **내 용건보다 다른 사람의 용건을 우선시한다**

다른 사람을 배려하고 챙기는 것도 좋지만 자신에게도 다정해져야 해. 나중에 내가 곤란해지는 상황이 생기지는 않을지 생각해 보자.

☐ **혼자 있는 시간이 괴롭다**

물론 친구랑 함께 있으면 즐겁지. 그런데 혼자 있을 때는 뭘 해야 할지 모르겠던 적은 없었니? 내가 좋아하는 일이 뭔지 생각해 보자.

활동: 기분 전환 방법을 생각하자

지칠 때나 우울할 때는 몸과 마음을 쉬게 하면서 기분 전환을 해야 해. 나만의 기분 전환 방법을 찾아보자.

1 우울할 때는 누구랑 함께 있고 싶어?

2 요즘 피곤하거나 우울했던 적이 있니? 그럴 때 뭘 하면 기분이 나아졌어?

축구 시합에 져서 속상했을 때, 공책에 내 기분을 솔직하게 적었더니 후련해지더라.

3 피곤하거나 우울할 때, 어디에 가면 기분 전환이 될 것 같아?

 가족이나 선생님, 친구 등 주위 사람들의 기분 전환 방법을 인터뷰해 보자.

우리 선생님은 좋아하는 가수의 노래 듣기, 잠자기, 먹고 싶은 것 실컷 먹기래. 나도 따라 해 봐야겠어!

 기분 전환이 되고 기운이 나는 방법 베스트 3을 생각해서 적어 보자.

베스트 1

베스트 2

베스트 3

[칼럼] column

집안일을 하면서 '계획력'을 익히자

큰 건물을 지을 때도 작은 작업들이 하나씩 쌓이면서 완성되는 거야. 마찬가지로 아무리 힘들어 보이는 일이라도 작게 나눠서 하면 어렵지 않게 목표에 도달할 수 있어. 그렇게 필요한 작업을 나누고, 어떻게 하면 목표에 도달할 수 있을지 생각하는 힘이 '계획력'이야. 일을 하는 어른들에게 꼭 필요한 이 계획력은 어릴 때 훈련을 통해서도 익힐 수 있어. '계획력'을 익히는 데 도움이 되는 훈련은 바로 집안일 돕기야. 여기에는 몇 가지 순서가 필요한 일이 알맞은데, 식사 준비 돕기를 추천해. 요리를 할 때는 재료를 씻고, 썰고, 익히고, 접시에 담는 등 여러 가지 작업이 필요하잖아? 그 작업들을 식사 시간부터 역산해서 시간 배분을 하며 진행하는 거야.

이런 집안일에 도전!

● 모든 방 청소하기
어느 방부터 어떤 순서로 하면 좋을지 생각하는 힘을 기를 수 있어.

● 식사 후 설거지
가족 모두 식사를 마치면 설거지할 그릇들이 꽤 많이 나올 거야. 씻고, 헹구고, 정리하는 작업에도 요령이 필요하지.

> 하하, 나는 엄마한테 배우면서 요리에 도전해 볼까나~♪

Part 3

긴 시간을
잘 활용하자

긴 시간은 짧게 나눠서 생각하면 이해하기 쉬울 거야.
이번 파트에서는 하루, 1주일, 한 달 등
긴 시간을 잘 활용하는 방법을 소개할게.

여름 방학도 '긴 시간'에 포함된다고 할 수 있지. 만약에 시간이 많이 있다면 라엘은 뭘 하고 싶어?

으음… 책도 읽고, 영화도 보고, 또 새로 나온 게임도 하고 싶어! 하고 싶은 게 너무 많아서 뭘 하면 좋을지 고민이야~!

긴 시간 동안 무엇을 할 수 있지?

시간이 많으면 그만큼 할 수 있는 일도 많아져! 시간의 길이에 따라 무슨 일을 할 수 있을지 생각해 보자!

하루 10분이면 1년에 60시간이 넘어!

시간이 많으면 할 수 있는 일의 범위도 넓어져. 꼭 덩어리 시간이 아니어도 괜찮아. 예를 들어 하루에 10분씩만 훈련을 해도 한 달 동안 계속하면 약 5시간이 되고, 1년이면 60시간이 넘어! 무심코 흘려보내기 쉬운 자투리 시간도 계속 쌓이면 긴 시간이 되는 거야. 물론 1주일이나 한 달이라는 시간도 쌓이면 훨씬 긴 시간이 되지. 먼저 시간의 길이에 따라 무슨 일을 할 수 있을지 생각해 보자.♪

활동 — 생각해 보자

다음 중 1시간 안에 할 수 있는 일은 뭘까? ☐에 ✔ 해 보자☆

- ☐ 저녁 식사 준비하기
- ☐ 한자 쓰기 연습
- ☐ 샤워하기
- ☐ 소설책 한 권 읽기
- ☐ 강아지 산책 시키기
- ☐ 학교와 집 오가기
- ☐ 나라 이름 30개 외우기
- ☐ 만보 이상 걷기
- ☐ 거실 바닥 걸레질하기

활동 생각해 보자

방 정리도 날마다 조금씩 하면 1주일 안에 다 할 수 있을까?

1 하루 안에는 할 수 없지만 1주일이면 할 수 있는 일을 생각해 보자.

예) 큰 로봇 조립하기

2 1주일 안에는 할 수 없지만 한 달이면 할 수 있는 일을 생각해 보자.

예) 식물이 성장하는 모습 관찰하기

3 한 달 안에는 할 수 없지만 1년이면 할 수 있는 일을 생각해 보자.

예) Y자 균형 잡기에 성공하기

시간을 쪼개서 생각하자

시간을 작게 쪼개서 생각하면 무슨 일이든 하기 쉬워져. 예를 들어 '1시간 공부하기'를 계획했다면, 그중 30분은 수학 문제 풀기, 20분은 국어 문제 풀기, 나머지 10분은 오늘 배운 내용 복습하기로 나눠 보는 거야. 더 긴 시간의 경우에도 마찬가지야. 한 달짜리 계획을 1주일씩, 1주일짜리 계획을 하루씩, 하루짜리 계획을 1시간씩 쪼개서 생각하면 계획을 세우기도 훨씬 편하지.

일정을 너무 많이 넣지 않도록 주의하자!

시간을 쪼개서 스케줄을 짤 때는 일정을 너무 많이 넣지 않도록 주의해야 해. 시간을 쪼개서 생각하는 것은 좋지만, 너무 잘게 쪼개면 오히려 시간에 쫓기거나 복잡해질 수도 있거든. 계획한 시간을 넘길 것 같다면, 일단 정해진 시간까지만 하고 다음 일정으로 넘어가거나 우선순위가 낮은 일정을 다음 날로 넘기는 등의 방법으로 조절해 보자!

다이어리나 스케줄 시트가 있으면 편리해!

긴 시간을 관리할 때는 다이어리나 스케줄 시트가 있으면 무척 편리해! 124쪽에 한 달치 스케줄 시트가 실려 있으니까 계획을 세울 때 활용해 보자!♪

다이어리
작성 요령 1

목표를 설정하자

스케줄을 짤 때는 먼저 디데이를 정해야 해. 디데이는 목적이나 목표가 되는 날이야. '음악회'처럼 준비가 필요한 이벤트나 '가족 여행'처럼 즐거운 이벤트를 디데이로 삼자. 이미 일정이 정해져 있을 때는 다이어리에 적어 두도록 해!

[디데이 예시]
- 한자 시험
- 피아노 발표회
- 생일 파티
- 운동회

디데이를 눈에 띄게 표시해서 의욕을 UP⇧⇧

디데이를 적었으면 형광펜이나 색연필 등을 이용해서 눈에 띄게 꾸미자. 디데이가 눈에 확 들어오면 의욕도 높아질 거야.♪ 구체적인 방법은 121~123쪽에도 소개되어 있으니 참고해 봐~★

다이어리 작성 요령 2
구체적인 스케줄을 작성하자

목표(디데이)가 정해졌다면 디데이를 향한 구체적인 스케줄을 생각해야 해. 상세한 일정을 짤 때는 일단 디데이까지 해야 할 일들을 모두 목록으로 만들어 놓는 게 좋아! 그런 다음에 우선순위를 생각하자.

스케줄을 짜는 순서

해야 할 일 목록 작성

디데이까지 해야 할 일들을 뽑아서 '할 일 목록'을 만들자. 구체적인 목록 만들기 방법은 119쪽을 확인해 봐!

우선순위 생각하기

목록에 적은 일들의 우선순위를 생각해 보자. 이때 우선순위가 높은 순서대로 위치를 바꾸는 것도 좋아!

하루 단위로 생각하기

아~ 116쪽에서 이야기한 것처럼 시간을 쪼개서 생각하는 거구나!

해야 할 일을 목록으로 만들 때는…

해야 할 일을 목록으로 만들 때는 우선 머릿속에 떠오른 것들을 모두 종이에 적어 보자. 오른쪽 메모는 동생의 생일 파티를 디데이로 정하고, 그것을 목표로 계획할 때 해야 할 일들을 적은 목록의 예시야. 처음에는 사소한 것도 다 적도록 해! 그다음에 목록 내용의 우선순위를 생각하면서 다이어리에 일정을 적어 보자.

파티 날까지 해야 할 일

- 엄마와 의논해서 일정 정하기
- 초대할 친구 정하기
- 초대장 만들어 보내기
- 선물 준비하기
- 케이크와 음식 준비하기
- 파티 내용 생각하기
- 집 청소, 정리 정돈
- 방 꾸미기

3 긴 시간을 잘 활용하자

목록을 바탕으로 적어 보자!

일	월	화	수	목	금	토
		1	2	3	4	5 엄마와 의논하기
6	7	8 ←초대할 친구 정하기→	9	10	11	12 초대장 만들어 보내기
13	14	15	16	17 ←파티 내용 생각하기→	18	19 선물 준비
20	21 케이크 예약	22	23	24 ←청소, 정리→	25 방 꾸미기	26 음식 준비
27 케이크 찾아오기, 파티	28	29	30	31		

집에서 하는 파티니까 가족과 의논도 해야 하고, 방 청소와 정리도 잊으면 안 되겠지?♪

 **계획을 세워 보자**

[　　　　　　　　　　] 의 계획

★ 전날까지 해야 할 일

항목	필요한 날짜

★ 당일(디데이)에 해야 할 일

실제로 무언가 계획을 세울 때는 이 활동 시트를 활용해 봐! ♥

다이어리 작성 요령 3

3 긴 시간을 잘 활용하자

작성 방식을 연구해 보자

지금부터는 다이어리 쓰는 요령을 소개할게. 조금만 생각해 보면 일정을 알아보기 쉽게 만들 수 있어. 아래의 예시를 참고해서 나만의 규칙을 정하고, 눈에 확 들어오는 다이어리를 만들어 보자!

콩쿠르 날까지의 계획표

스케줄 시트

6월

며칠에 걸쳐 해야 할 일정은 화살표로 이어 주자

일정이 며칠씩 이어질 때는 화살표를 이용하면 적는 시간을 줄일 수 있어! 금요일마다 있는 '레슨' 같은 일정도 매주 똑같은 시간이라면 세로 화살표를 그어 줘도 좋겠지?★

일정의 종류에 따라 어울리는 아이콘 만들기 ◎

일정의 종류에 맞춰서 아이콘을 만들면 다이어리가 훨씬 더 보기 편해져~♪ 학교 일정은 연필 마크, 친구들과의 약속은 음표 마크처럼 나만의 아이콘을 생각해 봐!

다이어리

좀 더 귀엽게 ♥

와~ 굉장하다!♪ 형광펜을 사용하니까 중요한 일정이 한눈에 들어오네!

7월 스케줄 시트

일	월	화	수	목	금	토
	메모 □ 여름 방학 사육 당당 확인 □ 책 반납(7/16까지)		1	2	3	4 미용실 15:30~
			16:00~ 학원			
5	6	7 대피 훈련 (손수건 챙기기)	8	9	10	11
	만들책 받매일(5,600원)		16:00~ 학원			
12	13	14	15	16 □ 책 반납	17 종업식	18 여름 방학 START♪
			16:00~ 학원			
19 수영 (오전)	20	21 수영 (오전)	22	23	24	25 가족 캠핑
			16:00~ 학원			
26	27 수영 (오후)	28	29	30	31 불꽃 축제 17:00 공원	
			16:00~ 학원			

이달의 목표
한 달 동안 준비물 깜빡하지 않기!!

\ 확실한 일정+귀엽게 꾸미기 ♥ /
우등생 버전

알아보기 쉬운 우등생 버전을 만들고 싶다면 일러스트나 스티커, 마스킹 테이프를 적당히 이용해서 귀여움도 놓치지 않는 것이 포인트야!♪ 잊어버리면 안 되는 일들도 확실하게 메모해 두었으니 깜빡하는 일도 없겠지?

여기가 포인트!

형광펜을 효과적으로 이용해서 알아보기 쉽게 정리했어! 중요한 일정이나 기대되는 이벤트는 형광펜으로 덧칠하거나 테두리를 그려서 더욱 눈에 띄게 했지~♪

꾸미기 테크닉

3 긴 시간을 잘 활용하자

일러스트나 스티커로 차별화!
개성파 버전

스케줄과 여백을 소녀 취향으로 꾸몄어!♪ 꽃, 케이크, 피아노 일러스트처럼 그날의 일정에 맞는 일러스트를 곁들이면 아주 화려하지.♡ '미용실'이나 '치과'처럼 일정을 말풍선 안에 넣는 것도 좋아.

여기가 포인트!

11일과 19일처럼 이벤트와 관련된 날은 칸 구석에 갈랜드(가랜드)를 그려 주면 귀여워.♥ 간단하지만 귀여움 지수가 상승하는 효과 만점 테크닉이야!

비어 있는 공간도 일러스트나 스티커로 꾸며 주니까 귀엽네!★

	일	월	화
월			
스케줄 시트			
이달의 목표			

이 스케줄 시트는 내려받을 수도 있어!

수	목	금	토

여름 방학을 이용해 멋지게 변신하기

여름 방학은 새로운 일을 시작하거나 평소 잘하지 못하고 서툴렀던 일을 극복하기에도 딱 좋은 기회지~♪

7:00 기상

10:00 숙제

13:00 외출

여름 방학은 변신의 기회! 늘어져 있기에는 아까워

여름 방학이 되면 친구들과 노는 것뿐만 아니라 수영, 여행, 게임 등 하고 싶은 일이 무척 많아. 하지만 자유 시간이 늘어나면 한없이 늘어지는 사람도 있겠지? 여름 방학이야말로 균형 잡힌 생활이 중요한 시기야. 여름 방학을 잘 활용하면 평소 서툴렀던 일을 극복하거나 새로운 도전도 할 수 있어.♪ 여름 방학은 변신의 기회이기도 하지!

 라엘의 학교에서는 가을에 육상 대회가 열리지? 여름 방학에 달리기 연습을 하면 어떨까?

달리는 건 자신 있으니까 방학 끝나고 해도 돼! 아마 난 릴레이 경기 선수로 뽑힐걸?♪

 여름 방학에 열심히 연습하고 안 하고는 전혀 다른 결과를 가져다 주기도 해. 잠깐 이 친구들을 봐!

여름 방학을 멋지게 보내는 다섯 가지 힌트

3 긴 시간을 잘 활용하자

여름 방학을 마음껏 즐기기 위해서라도 할 일은 확실하게 해야겠지?

힌트 1 | 목표를 정해서 도전하자

공부나 새로운 것 배우기는 물론, '매일 책 읽기', '욕실 청소하기'처럼 일상과 관련된 것을 목표로 정해도 괜찮아. 스스로 정한 목표를 이루기 위해 노력하는 것이 중요해!

힌트 2 | 생활 리듬을 유지하자

여름 방학에는 학교 다니는 평소보다 느긋하게 지내도 괜찮아. 하지만 가능하면 생활 리듬이 깨지지 않도록 하는 게 좋아. 일어나는 시간과 식사 시간 등을 최대한 규칙적으로 유지해야 한다는 걸 명심하자!

힌트 3 | 관심 있는 일에 도전해 보자

여름 방학은 취미나 관심 있는 일에 열중할 수 있는 기회가 될 수 있어! 새로운 것을 배우거나 기술을 익힐 수도 있고, 예상치 못한 발견이나 만남이 생길지도 몰라.☆

힌트 4 | 서투른 일을 극복하자

여름 방학은 내가 잘 못하는 일을 극복할 수 있는 기회! 시간은 많으니까 조금이라도 나아질 수 있도록 노력하자. 공부나 운동뿐만 아니라 '글씨 예쁘게 쓰기' 등 뭐든지 괜찮아. 극복하면 자신감도 생길 거야!

힌트 5 | 숙제는 계획적으로 하자

숙제를 계획적으로 해서 개학이 코앞에 닥쳤을 때 허겁지겁 해치우는 일이 없도록 하자! 숙제는 오전 중에 끝내는 게 이상적이야. 그날의 숙제를 끝냈다면 마음 편하게 놀러 나갈 수 있겠지?

다음 페이지부터 구체적인 테크닉을 설명할게! ♪

힌트 1 — 목표를 정해서 도전하자

목표를 설정하면 균형 잡힌 생활을 할 수 있어

목표를 정해 두면 여름 방학을 보다 알차게 보낼 수 있어! 목표가 있으면 자연스럽게 그것을 '달성하는 방법'을 생각하게 되기 때문이지. 예를 들어 '책 다섯 권 읽기'라는 목표를 세웠다면 책을 사러 서점에 가거나, 도서관에 가거나, 책 읽는 시간을 만들게 되겠지. 하루를 어영부영 보내는 사람이라면 반드시 목표를 세워서 생활해 보도록 해!

목표 달성을 위한 조언

목표는 구체적으로 세우는 게 좋아! 막연히 '책 읽기'가 아니라, '여름 방학 동안에 책 다섯 권 읽기'처럼 구체적으로 설정해야 의욕도 더 높아질 거야~♪

책 다섯 권 읽기!!

이런 일에도 도전해 보자

- 한자 쓰기 연습 한 권 끝내기
- 매일 저녁 식사 후에 설거지하기
- 수영장 25미터 왕복 연습하기
- 전 세계 나라 이름 50개 외우기
- 오믈렛 만드는 법 배우기
- 한자 급수 시험에 도전하기

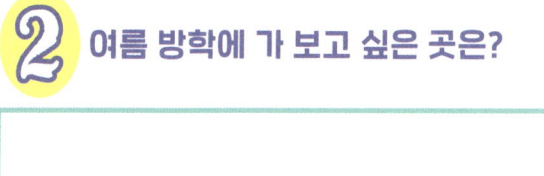

1. 여름 방학에 도전하고 싶은 일은?

2. 여름 방학에 가 보고 싶은 곳은?

3. 여름 방학에 읽고 싶은 책이나 보고 싶은 영화는?

목표가 많아도 괜찮아! 여름 방학이 시작되기 전에 생각해 두는 게 좋겠지?★

힌트 2 : 생활 리듬을 유지하자

저녁형 인간이 되지 않도록 주의하자

여름 방학이라고 이것저것 하고 싶은 일을 실컷 하다 보면 나도 모르게 잠드는 시간이 늦어지기도 해. 가끔이라면 괜찮지만, 매일 잠자리에 드는 시간이 늦어져서 저녁형 인간이 되면 피부와 머리카락이 푸석해지고 시력도 나빠질 수 있어! 특히 밤을 새웠을 때는 생활 리듬이 깨지지 않도록 주의하자.

늦은 시간에 하는 TV 프로그램은 다음에 재방송으로 보면 되겠다.

나도 혹시?! 여름 방학 생활 패턴 체크

자신의 생활을 되돌아보고 해당되는 것에 ✔ 하자!

- ☐ 휴일에는 오전 10시쯤 일어난다
- ☐ 게임을 정해진 시간보다 더 많이 한다
- ☐ 밤에 자기 전에 스마트폰을 본다
- ☐ 하루 종일 잠옷 차림일 때가 있다
- ☐ 저녁 식사 후에 과자를 먹는다
- ☐ 하루 세 끼를 챙겨 먹지 않을 때가 있다
- ☐ 샤워를 하지 않는 날이 있다
- ☐ 숙제를 하지 않는 날이 있다
- ☐ 이닦기를 자꾸 미룬다
- ☐ 아침에 일어난 뒤 다시 잠들 때가 있다

✔ 가 5개 이상인 사람은 주의해야 해! 하루의 생활 패턴을 다시 검토해 보자.

매일 같은 시간에 일어난다면 Good!

여름 방학 동안에도 매일 같은 시간에 일어나는 게 좋아. 그렇게 하면 식사 시간과 씻는 시간, 자는 시간도 대체로 일정해지니까 하루의 생활 리듬이 잘 유지되거든! 그렇지만 느긋하게 뒹굴면서 쉬어 주는 것도 방학의 묘미 아닐까? 가끔은 늦잠을 실컷 자도 괜찮아!♪

개운하게 일어나는 포인트

일어나는 시간을 소리 내어 말한다

밤에 자기 전에 "내일은 7시에 일어날 거야!"라고 소리 내어 말해 봐. 그러면 뇌가 일어나는 시간을 기억해서 무의식중에 '7시에 일어나자'라고 의식하게 된대! 분명 평소보다 개운하게 일어날 수 있을 거야~♪

알람 시계를 먼 곳에 둔다

알람 시계를 끄고 다시 잠드는 사람은 알람 시계를 침대에서 최대한 먼 곳에 두도록 해. 일단 침대 밖으로 나가서 시계를 끄면 다시 잠드는 걸 막을 수 있어! 일어난 뒤에는 곧바로 세수를 해서 잠에서 깨도록 하자.

자기 전 습관도 되돌아보자

아침에 상쾌하게 일어나려면 자기 전 습관도 되돌아볼 필요가 있어. 자기 직전까지 스마트폰 화면을 보거나 게임을 하는 것은 피해야 해. 푹 자기 위해서는 적어도 잠들기 3시간 전에는 식사를 마치고, 가벼운 스트레칭을 한 다음 자는 게 좋아.

자기 전에 목이 마르면 주스를 마시기도 하는데….

잠자기 전에는 주스 대신 카페인이 없는 생수나 보리차를 마셔 봐!♪

힌트 3 : 관심 있는 일에 도전해 보자

여름 방학을 이용해서 취미 생활 레벨 업!

긴 여름 방학은 좋아하는 일을 해 볼 수 있는 기회이기도 해! 평소에 관심이 있었지만 시도하기 어려웠던 일이 있다면 여름 방학을 이용해 도전해 봐. 스포츠든 공부든 외모 가꾸기든 다 괜찮아. 물론 이미 하고 있던 취미 생활의 레벨을 한 단계 높이는 시간으로 만들어도 좋겠지!♪

예를 들면...

동물을 가까이해 본다
평소 동물을 가까이할 기회가 없다면, 동물원이나 수족관 등을 찾아가 보거나 동물이 있는 카페에 가 보는 건 어떨까? 관심이 생긴다면 동물의 생태나 식생활 등에 대해 조사해 보는 것도 좋을 거야.★

과자 만들기에 도전해 본다
요리를 좋아한다면 좀 더 어려운 과자 만들기는 어떨까? 화려한 데커레이션에 도전해 보거나 나만의 레시피를 만들어 보는 것도 좋아. 직접 만든 과자를 예쁘게 포장해서 가족이나 친구에게 선물하면 정말 기뻐할 거야!

고궁이나 절을 찾아가 본다
고궁이나 절처럼 역사적인 건축물을 찾아가 보는 것도 즐거운 경험이 될 거야! 명승고적을 견학하면 마치 시간 여행을 하는 것 같은 기분을 맛볼 수 있어. 역사의 무대가 된 장소를 찾아가면 역사 공부도 되니 일석이조!♪

나는 기차 타는 걸 좋아하니까 기차 여행을 해 보고 싶어!

한번 해 보자

내가 관심 있는 일은 물론, 다른 사람에게 무언가 도움이 되는 일에 도전해 보는 것도 매우 훌륭한 일이야. 봉사 활동을 하거나 우리 동네에서 열리는 행사를 돕는 등 여름 방학에 누군가에게 도움되는 일을 한 적이 있다면 적어 보자!

날짜 [년   월   일]

날짜 [년   월   일]

날짜 [년   월   일]

내가 관심 있는 일이 누군가에게 도움이 된다면 참 좋을 것 같아! 나는 책 읽어 주는 봉사 활동에 참가해 볼까 해~♪

힌트 4. 서투른 일을 극복하자

서투른 일을 극복할 때마다 자신감이 쑥쑥 오른다!

평소 서툴렀던 일을 잘할 수 있게 된다면 자신감이 생기겠지? 예를 들어 수영을 잘 못하는 사람이라면 여름 방학에 특별 훈련을 해 보는 게 어떨까? 물론 다른 스포츠나 공부, 요리나 뜨개질 등도 괜찮아! 작은 일이라도 하나씩 해결할 때마다 성취감을 느끼게 될 거야. 서투른 일은 여름 방학에 극복해 보자!

꿀팁! 메모지를 이용해서 성취감 높이기↑

평소 잘 못하던 일에 도전하고 싶지만 도저히 의욕이 나지 않을 때는 메모지에 해야 할 일을 적어서 붙여 봐. 하나씩 해결할 때마다 해당 메모지를 떼어 내면, 해냈다는 결과가 눈에 보여 성취감이 더 높아질 거야!

점착 메모지는 다양한 곳에 쓸 수 있어서 편리하구나~!

숙제는 계획적으로 하자

3 긴 시간을 잘 활용하자

숙제를 미리 끝낼 수 있도록 계획을 세우자

숙제는 계획에 따라 조금씩 해 나가는 게 좋아. 하지만 갑자기 친구가 놀자고 불러내면 계획대로 할 수 없는 날도 생기겠지. 그럴 때를 대비해서 여름 방학이 끝나기 1주일 전에는 숙제를 모두 마칠 수 있도록 계획을 세워 두자. 그러면 도중에 계획이 약간 틀어져도 여유롭게 조절할 수 있을 거야.♪

집중력을 높이는 포인트

다른 종류의 숙제로 기분을 전환하자

예를 들면, 한자 쓰기 연습을 한 다음에 계산 문제 풀기를 하는 등 서로 다른 과목의 숙제를 하면 기분을 전환할 수 있어! 집중도 더 잘되겠지.♪

환경이 바뀌면 집중하기 쉬워진다

집중력이 떨어질 때는 공부하는 환경을 바꿔 봐. 거실에서 공부를 해 본다거나 독서실을 이용하는 것도 좋겠지.

계획적으로 끝내고 싶어!
여름 방학 숙제 완성 테크닉

숙제를 순조롭게 끝낼 수 있는 테크닉을 소개할게..♪
꼭 참고해 봐!

● 문제 풀이

문제 풀이 숙제는 날마다 몇 쪽씩 꾸준히 하는 게 기본이야. 한 과목을 한 번에 끝내기보다 모든 과목을 조금씩 하는 편이 더 집중하기 쉬워! 사실 매일 하는 게 가장 좋지만, 갑작스러운 사정 때문에 계획을 실행하지 못하는 경우가 생길지도 몰라. 중간중간 진행 상황을 살펴보고 계획대로 되고 있는지 체크하자. 일정이 밀렸다면 빨리 따라잡는 게 좋지!

가끔은 쉬는 날을 만들어도 괜찮아

문제 풀이 숙제는 하루쯤 쉬어도 돼. 예를 들어 월요일~토요일까지 매일 했다면 일요일 하루 정도는 쉬는 것도 좋겠지. 이렇게 쉬는 날을 만들어서 공부와 휴식의 균형을 맞추자!

이번 여름 방학 때 숙제로 풀어야 할 문제집 두께가 엄청나던데… 방학 안에 끝낼 수 있을까?

● 독서 감상문

책을 읽고 감상문을 쓰는 숙제를 어려워하는 친구가 꽤 많은가 봐. 여기서는 독서 감상문을 쓰는 법과 감상문에 꼭 필요한 내용을 소개할게~♪

• 독서 감상문 쓰는 법 •

1 책을 고른다

먼저 책을 고르자. 주제가 정해진 경우에는 그에 맞는 책을 골라야 해. 방학이 다가오면 서점이나 도서관에서 '독서 감상문 쓰기 좋은 책' 코너를 마련하기도 하니까 잘 살펴보자.☆

2 책을 읽는다

이제 고른 책을 읽자. 읽으면서 인상적인 장면이나 문장을 메모해 두면 좋아.

3 감상을 적는다

책을 다 읽으면 감상문을 쓰자. 읽는 동안 느낀 점을 적으면 돼. 무슨 내용을 써야 할지 모르겠다면 아래의 포인트를 참고해 봐!♪

무슨 내용을 쓸까…

다음 순서로 감상을 정리하자! 내 경험담을 곁들여서 감상을 적으면 더 좋아.

- 책을 고른 이유
- 책의 간단한 줄거리
- 가장 재미있었던 부분&그 이유
- 다음으로 재미있었던 부분&그 이유

책을 고르기 어려울 때는…

선배나 가족에게 추천을 받거나

도서관에 가거나

서점에 마련된 특별 코너를 찾아가도 좋아!♪

●자유 연구

관심 있는 것, 궁금한 것을 연구해서 그 결과를 정리하는 것을 '자유 연구'라고 해. 자유 연구에서는 연구 과정은 물론, 결과를 어떻게 정리하느냐가 중요한 포인트지. 힘들게 연구한 내용이니까 알기 쉽게 전달할 수 있도록 작성 포인트를 확인해 보자!

주제를 정하느라 바빠서 정리하는 방법까지는 생각하지 못했어….

작성 포인트

구성

1. 연구 주제
2. 주제 선정 이유
3. 연구 순서(내용)
4. 연구 결과
5. 감상(연구해 보고 싶은 것)
6. 참고 자료 등

기본적으로는 왼쪽의 구성에 따라 정리하는 걸 추천해. 연구 결과 앞에 '예상했던 결과'를 넣는 등 구성을 바꿔도 좋아. 감상에는 앞으로 더 연구해 보고 싶은 점이나, 연구 결과를 생활에 어떻게 활용할 수 있을지 등을 적으면 돼.

참고 자료도 잊지 말자

연구 과정에서 참고한 책이나 사이트의 제목, 찾아간 장소, 이야기를 들려준 사람의 이름 등을 마지막에 정리해서 적어 주면 더 좋아.

● 관찰 일기

관찰 일기는 식물이나 동물, 곤충을 날마다 관찰하며 상태 변화를 기록하는 거야. 아침을 먹고 나서 바로 관찰하고 기록하는 등 매일 일정한 시간을 정해서 하도록 해. 그림이나 사진, 그래프처럼 알아보기 쉬운 방법으로 관찰 결과를 정리해 보자!

• 관찰 일기 쓰는 법 •

① 관찰할 대상을 정한다

가장 인기 있는 것은 나팔꽃이나 방울토마토 등과 같은 식물의 성장, 또는 개미집이 만들어지는 과정, 애벌레가 나비가 되기까지의 관찰 등이야. 내가 관심 있는 주제로 정하면 돼.

② 같은 시각에 관찰한다

관찰은 가능하면 매일 같은 시각에 하는 게 좋아. 식물이라면 아침·저녁 두 번, 곤충이나 동물이라면 아침에 한 번 등 관찰하기 좋은 시간을 생각해 봐!

③ 결과를 정리한다

관찰한 결과를 일기에 정리하자. 하루하루의 변화를 알 수 있도록 그림이나 사진을 곁들여 봐! 꽃이 핀 개수나 열매가 열린 개수 등은 표나 그래프로 만들면 보기 좋겠지?

건물이 세워지기까지의 과정이나 별의 움직임을 관찰하는 것도 재미있을 것 같아!

●만들기・포스터

난 포스터 그리기 잘 못하는데…

여름 방학에 포스터나 만들기 같은 미술 숙제를 내 주는 학교도 있어. 이런 숙제를 할 때는 먼저 주제를 확실하게 정해야 해. 또 그것을 주제로 정한 이유도 설명할 수 있으면 더 좋겠지.

어머, 그래?
(이안은 뭐든지 잘하는 줄 알았는데…)

만들기

① 주제 정하기・준비

어떤 걸 만들지 정했다면 그에 맞는 재료를 준비하자. 완성된 모습을 상상하면서 재료를 고르면 돼. 구하기 어려운 재료는 부모님께 부탁해 보자!

② 만들기 시작

실제로 만들기를 할 때는 나만의 독창적인 요소를 더해 봐. 내 손으로 직접 만드는 만큼 세상에 하나뿐인 작품으로 완성해 보자!♪

⚠ **주의**
작업 중에는 정신 차리고 집중할 것! 특히 가위나 칼 등을 사용할 때는 다치지 않도록 조심하자.

포스터 그리기

① 주제 정하기

포스터에는 다양한 종류가 있어. 자유 주제라면 먼저 어떤 포스터를 그릴지 생각해 봐!

주제 예시
- 환경이나 동물 보호
- 방범&방재
- 따돌림 방지 등 인권 문제
- 교통안전
- 학교 행사나 지역 축제 홍보

② 밑그림, 색칠

먼저 연필로 밑그림을 그리고, 필요하면 매직으로 선을 따라 그린 뒤 색을 칠해. 글씨는 최대한 눈에 잘 띄는 색을 사용해 봐!

● 집안일 돕기

집안일을 어느 정도 돕는 편이니? 평소에 적극적으로 돕는 사람도 또 그렇지 않은 사람도 여름 방학 동안에는 평소보다 더 열심히 집안일을 도우면 어떨까? 집에 있는 시간이 많은 만큼 가족의 일원으로서 책임을 다해 봐!

작은 일이라도 부모님께는 꽤 도움이 될 거야~!

이런 일을 추천해!

🕐 5분 안에 할 수 있는 집안일

상차리기
식사 전에 식탁을 정리하고 깨끗이 닦은 다음, 음식과 그릇을 옮기자!

쓰레기 버리기
집 안의 쓰레기를 모아서 봉투에 담아 정해진 쓰레기장에 내다 놓자. 분리수거도 잊지 마!?

신발 정리
현관에 나와 있는 신발을 깔끔하게 정리하자. 신지 않는 신발은 신발장 안에 넣어 두자!

🕐 15분 안에 할 수 있는 집안일

쌀씻기
쌀을 씻어서 밥솥에 안치는 것도 엄연한 집안일이야. 쌀을 흘리지 않도록 조심하자!

욕실 청소
스펀지에 적당량의 청소용 세제를 묻혀서 욕조를 닦자. 샤워기로 물을 뿌려 깨끗이 씻어 내면 끝!

빨래 개기
다 마른 빨래는 걷어서 개자. 식구별로 옷을 나눠서 정리해 두면 더 좋겠지?

☐ 의 **여름 방학**

[이 기간의 목표
....
....
....
]

예정표

☐일(일)	☐일(월)	☐일(화)
☐일(일)	☐일(월)	☐일(화)
☐일(일)	☐일(월)	☐일(화)

이 계획표는 내려받을 수도 있어!

계획표

년   월   일 ~   월   일

MEMO

일(수)	일(목)	일(금)	일(토)
일(수)	일(목)	일(금)	일(토)
일(수)	일(목)	일(금)	일(토)

http://m.site.naver.com/0VdOT

'체내 시계'가 뭘까?

생물은 태어날 때부터 몸속에 시계가 있다

체내 시계란, 생물이 태어날 때부터 지니고 있는 시간을 측정하는 능력이야. 아침이 되면 자연스럽게 눈이 떠지고 평소 밥 먹는 시간이 되면 배가 고픈 것은 체내 시계가 작용하기 때문이라고 해. 또 44쪽에서 설명한 것처럼 시간을 실제와 다르게 느끼는 것도 '개인적인 시간을 측정하는 체내 시계가 있기 때문'이라는 주장도 있어. 어른이 될수록 시간이 빠르게 흐른다고 느끼는 것도 바로 그 때문이래.♪

같은 시간에 배가 고파지고, 같은 시간에 잠이 오는 건 체내 시계 때문이구나!

태양의 빛으로 리셋!

체내 시계는 '빛'에 큰 영향을 받아. 그래서 밤을 새우거나 늦잠을 자서 햇볕을 받는 시간이 달라지면 체내 시계가 어긋나 버리지. 이렇게 되면 생활 리듬도 흐트러져. 그럴 때는 아침에 일어나자마자 햇볕을 쬐어 보자! 일정한 시간에 햇볕을 쬐는 생활을 한 달 정도 지속하면 체내 시계가 리셋되면서 생활 리듬이 바로잡힐 거야.♪

Part 4

꿈을 이루어 주는
시간 사용법

시간을 지혜롭게 사용하는 방법을 익혔다면
다음은 내 미래를 위한 관리법에 대해 살펴보자!
꿈을 이루기 위해서는 어떤 시간이 필요할까?

라엘, 오늘 숙제 있다는 거 까먹지 않았지?

응, '장래 희망'에 대한 글짓기잖아. 잊어버리지는 않았는
데 내 장래 희망을 아직 못 정했어….

시간을 내 편으로 만들자

지금까지 배운 시간 사용법을 잘 활용하면 시간은 너희 편이 되어 줄 거야!♪

나와 마주하는 시간을 소중히 여기자

친구나 가족 등 좋아하는 사람들과 보내는 시간은 소중해. 하지만 '나 자신과 마주하는 시간' 또한 마찬가지로 소중하지. 좋아하는 음악을 듣거나, 느긋하게 목욕을 하면서 하루를 되돌아보는 시간을 가져 봐. 그런 시간에 자신에 대해 생각해 보는 거야. 잘하는 과목, 좋아하는 스포츠나 취미, 연애, 미래 등 나 자신에 관한 것 뭐든 괜찮아!

활동  되돌아보자

오늘 하루 동안 나를 위해 쓴 시간이 있다면 적어 보자!

마음이 두근거리는 시간을 찾아내자

나 자신과 마주하는 시간 동안 귀 기울여 '마음의 소리'를 들어 보면 두근거리는 일을 발견할 수 있을지도 몰라! '○○에 가 보고 싶어'라든가, '○○를 만나고 싶어'처럼 지금 가장 하고 싶은 일을 떠올리는 것이 좋아하는 일을 찾아내는 힌트가 될 거야. 마음이 두근거릴 만큼 좋아하는 일을 하는 시간은 나 자신에게 보물 같은 시간이 되겠지. 그렇게 진심으로 즐길 수 있는 시간을 마련해 보자!

잡지를 읽거나 다른 사람의 이야기를 듣다가 하고 싶은 일이 떠오르기도 하지!

두근거리는 시간 사용법

1. 취미에 푹 빠진다

취미에 푹 빠지면 시간이 순식간에 흘러갈 거야. 한 가지 일에 집중할 수 있다는 것은 그 시간을 즐기고 있다는 뜻이지. 관심 있는 일이 있다면 더 깊이 파고들어 보자!

2. 잘하는 과목을 더 공부한다

잘하거나 재미있다고 느끼는 과목은 더 잘할 수 있도록 노력하자!☆ 못하는 과목을 좀 더 공부하는 것도 중요하지만, 잘하는 과목에서 다른 친구들을 리드하는 것도 꽤 멋진 일이거든. 당당하게 뽐낼 수 있도록 더 노력해 보자.

3. 특기를 찾아본다

스포츠나 뜨개질, 그림이나 글짓기 등 내 특기가 무엇인지 생각해 보자. 특기를 더 갈고닦는 일도 나를 발전시키는 시간 관리법 중 하나야! 잘하는 일을 더 파고들면 그게 미래에 하고 싶은 일로 이어질지도 몰라.☆

나의 세계를 넓히는 테크닉

새로운 나의 모습을 발견하면 두근거리겠지?
내 시야와 가능성을 더 넓혀 보자!★

●미지의 경험 해 보기

미지의 장소에 가거나 새로운 경험을 해 보는 건 매우 좋은 자극이 될 거야. 이런 새로운 체험을 통해 지금껏 깨닫지 못했던 사실을 발견하게 될 수도 있어. 조금이라도 관심 가는 일이 있다면 적극적으로 도전해 보자!

●지식 넓히기

책과 잡지, TV나 인터넷 등 정보를 얻을 수 있는 방법은 무척 많아. 어떤 방법을 통해서든 지식을 넓히는 일은 분명 네게 도움이 될 거야. 뭐든 궁금한 점이 생기면 곧바로 알아보는 습관을 길러 지식을 넓혀 가자!

느낀 점을 적어 보자

무언가 새로운 발견이나 경험을 했을 때, 내가 어떤 생각을 했는지 기록해 두도록 하자. 나중에 다시 봤을 때 언제 있었던 일인지 알 수 있도록 날짜도 꼭 적어 놓도록 해!

날짜 [년   월   일]

날짜 [년   월   일]

날짜 [년   월   일]

날짜 [년   월   일]

날짜 [년   월   일]

날짜 [년   월   일]

날짜 [년   월   일]

4 꿈을 이루어 주는 시간 사용법

이 시트는 내려받을 수도 있어!
http://m.site.naver.com/0VdOT

5년, 10년 뒤의 내 모습을 상상해 보자

아직 장래 희망을 정하지 못해서 고민이라면 미래의 내 모습을 상상해 봐! 우선 5년 뒤, 중학생이나 고등학생이 된 나는 어떤 모습일까? 10년 뒤에는 직업을 가질 수도 있겠지? 미래의 꿈과 목표를 정할 때는 어렵게 생각하지 않아도 돼. 넓은 집에 살고 싶다거나, 외국에 가고 싶은 것 등 어른이 되면 하고 싶은 일 모두가 어엿한 '꿈'이니까!

 나는 고등학생이 되면 아르바이트를 하고 싶어! 이안은 나중에 뭘 하고 싶어?

음… 하고 싶은 일이 있기는 한데, 아직은 좀 막연해….

구체적인 직업을 떠올린 사람은…

미래의 나를 상상하면서 구체적인 직업까지 떠올린 사람은 거기서 한 발짝 더 나아가 보자. 그 직업을 가진 뒤에 어떤 일을 하고 싶은지도 생각해 봐! 예를 들면 연구자로서 새로운 약을 개발하고 싶다든지, 연예인이 되어 사람들을 즐겁게 해 주고 싶다든지 등. 그렇게 하고 싶은 일을 생각하다 보면 미래의 자신에 대한 이미지가 훨씬 선명해질 거야. 아직 직업까지 떠올리지 못한 사람은 156쪽부터 나와 있는 다양한 직업을 참고해 이미지를 확장시켜 보자!

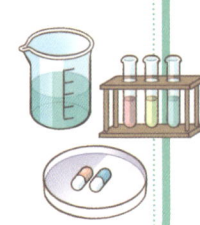

나 자신에 대해 생각해 보자. 내가 잘하는 일과 못하는 일, 장점이 무엇인지 적어 보는 거야. 장점은 주위 사람들에게 물어봐도 좋아!

잘하는 일

못하는 일

내 장점을 세 가지 적어 보자!

1

2

3

어른이 되면 무슨 일을 하고 싶어?

자기가 좋아하는 일을 할 수 있는 직업은 무척 많아~♪ 여러 가지 직업에 대해 좀 더 알아보자!

내 관심을 활용할 수 있는 직업을 알아보자

세상에는 여러 가지 다양한 직업이 있어. 혹시 지금 관심 있는 분야가 있다면 그것과 관련해서 어떤 일을 할 수 있을지 찾아봐!☆ 끌리는 직업을 발견했다면 구체적으로 어떤 일을 하는지 조사해 보자!

패션·뷰티를 좋아한다면…

최신 유행하는 옷을 입고 화려한 메이크업을 하는 모델은 누구나 동경하는 직업일 거야. 유명 브랜드를 대표하는 모델로 활동할 수도 있지!

어떤 옷이든 세련되게 소화하지★

패션과 관련된 그 밖의 직업은…

패션 디자이너, 옷가게 직원, 헤어 디자이너, 스타일리스트, 메이크업 아티스트, 네일리스트, 컬러 코디네이터, 패턴 메이커 등

흥미로운 작품에서 눈을 뗄 수 없어!

그림 그리기를 좋아한다면…

만화가가 되어 내가 만든 작품을 발표하는 거야! 인기 만화가는 만화 잡지에 연재를 할 수 있고, 많은 사랑을 받은 작품이 애니메이션이나 책, 영화로 만들어지기도 해!

미술과 관련된 그 밖의 직업은…

화가, 일러스트레이터, 애니메이터, 그림책 작가, CG 크리에이터, 그래픽 디자이너, 게임 크리에이터, 미술 교사, 큐레이터, 미술관 직원 등

스포츠를 좋아한다면…

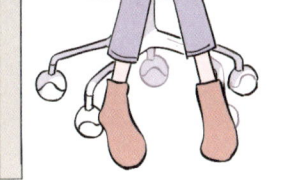

스포츠 인스트럭터(전문 강사)가 되면 사람들에게 운동하는 법을 가르칠 수 있어. 고객들의 운동 플랜을 짜거나 실제 운동을 도와주는 직업이야!

스포츠와 관련된 그 밖의 직업은…

야구·축구·농구·골프·테니스 등의 프로 선수, 스포츠 트레이너, 코치, 스포츠 촬영 기사, 스포츠 기자, 심판, 스포츠 용품점 직원, 운동선수 매니저 등

목표를 이루기까지 의지할 수 있는 파트너♥

― 사람 만나는 일을 좋아한다면… ―

보육 교사는 아이들의 성장을 도와주는 중요한 직업이야. 아이들과 함께 여러 가지 즐거운 활동을 하면서 학습 능력 또한 길러 줄 수 있지!

밝고 다정한 보육 전문가♪

사람을 만나는 그 밖의 직업은…
간병인, 육아 도우미, 영업 직원, 판매 직원, 음식점 직원, 교사, 상담사, 웨딩플래너, 세러피스트, 투어 컨덕터 등

― 기획이나 이벤트를 좋아한다면… ―

TV 디렉터는 TV 프로그램 제작 현장의 책임자야. 기획과 녹화, 편집 등 다양한 업무를 담당하지. 이 일을 하려면 AD(어시스턴트 디렉터)부터 시작해야 해.♪

방송 현장을 센스 있게 서포트★

제작과 관련된 그 밖의 직업은…
영상 편집자, 조명 스태프, 음향 스태프, 각본가, 방송 작가, 연예인 매니저, 음악 프로듀서, 콘서트 스태프, 테마 파크 스태프 등

힘들어 보이는 일도 있지만 그만큼 보람도 클 것 같아~♪

요리를 좋아한다면…

파티시에가 되면 보기 좋고 맛있는 디저트를 만들 수 있어. 아이디어 좋은 상품이 인기를 얻으면 순식간에 인기 파티시에가 될지도 몰라.♡

음식과 관련된 그 밖의 직업은…
요리사, 셰프, 쇼콜라티에, 제빵사, 푸드 코디네이터, 영양사, 소믈리에, 바리스타, 요리 연구가, 웨이트리스 등

맛과 귀여움을 듬뿍 담아서♥

동물을 좋아한다면…

애견 미용사가 되면 강아지를 귀엽게 꾸며 줄 수 있어!♪ 털 관리뿐만 아니라, 발톱 깎기나 목욕처럼 일상적인 돌봄 업무도 하게 될 거야.

반려동물을 예쁘게 꾸며 줄 수도 있어!

동물과 관련된 그 밖의 직업은…
수의사, 동물 간호사, 동물원 사육사, 돌고래 조련사, 펫 숍 직원, 도그 트레이너, 브리더, 반려동물 돌보미, 반려동물 건강관리사, 애니멀 세러피스트 등

공부나 사회의 규칙을 가르치자♪

―다른 사람에게 도움이 되고 싶다면…―

학교 선생님은 학생들에게 공부나 운동, 사회의 규칙 등을 가르쳐. 친근하고 즐겁게 수업을 이끌면 교실 분위기를 활기차게 만들 수 있지!

사람들에게 도움을 주는 그 밖의 직업은…
의사, 간호사, 약사, 물리치료사, 사회복지사, 소방관, 군인, 경찰관, 판사, 변호사, 봉사 단체 직원 등

― 세계를 돌아다니고 싶다면… ―

비행기 승무원은 승객이 기내에서 안전하고 쾌적한 시간을 보낼 수 있도록 돕는 직업이야. 외국어 실력을 발휘할 수 있는 일이기도 하지.♪ 다양한 목적지에서 외국의 문화를 경험할 수도 있어!

그 밖에 글로벌한 직업은…
파일럿, 선상 승무원, 통역가, 번역가, 외교관, 대사관 직원, 외국어 강사, 국제 공무원, UN 직원, 여행 기자, 투어 컨덕터 등

단정한 분위기가 멋져 보여♥

파일럿도 멋지다!

─ 다른 사람을 즐겁게 하고 싶다면… ─

유튜버는 시대의 유행을 빠르게 파악해서 재미 있는 영상을 제작하지.♪ 업로드한 영상이 화제가 되면 전 세계적으로 인기 있는 유명 크리에이터가 될지도 몰라!

즐거움과 재미를
전 세계에 퍼뜨리자~♪

사람들을 즐겁게 만드는 그 밖의 직업은…
배우, 성우, 탤런트, 가수, 아이돌, 뮤지션, 코미디언, 마술사, 서커스 단원, 댄서, 아나운서 등

지금은 없는
새로운 직업이 탄생한다!

요즘은 새로운 직업이 계속해서 탄생하는 시대야. 따라서 10년, 15년 후에는 또 다른 새로운 직업이 생겨날지도 몰라. 또 자신의 취미나 특기를 파고들다가 그 분야의 전문가로 일하게 되는 사람들도 많아. 예를 들면 게임 중계가 취미였던 사람이 게임 해설가가 되거나, 취미로 여행 사진을 업로드하던 사람이 여행 어드바이저가 되기도 하지. 그저 좋아서 하던 일이 나중에 직업으로 이어질 수도 있으니, 지금 즐거운 일을 하는 시간을 소중히 여기자!

직업을 조사해 보자

관심이 가는 직업에 대해 자세히 조사해 보자. 그 직업이 하는 일의 내용과 매력, 수입 등을 알 수 있는 범위 안에서 적어 봐.♪ 가까운 사람 중에 그 직업을 가진 사람이 있다면 물어봐도 좋겠지?

조사할 직업 →

주된 업무 내용

일하는 장소

수입

직업의 매력

힘든 점

어떤 사람에게 잘 맞을까?

직업에 필요한 자격과 기술

이 시트는 내려받을 수도 있어!
http://m.site.naver.com/0VdOT

멋진 어른이란 어떤 사람일까?

직업에 관계없이 나도 멋진 어른이 되고 싶어~♥
다들 주위에 동경하는 어른이 있니?

동경하는 사람을 떠올려 보자

우리 주변에는 수많은 어른들이 있어. 이웃집 언니나 학교 선생님, 삼촌 등 주위 사람들의 멋진 면을 찾아보자. 그러다 보면 '나 중에 저렇게 되고 싶다'는 생각이 드는 사람을 찾을 수 있을지도 몰라!♪

멋진 어른은 이런 사람

1 몸가짐&매너가 완벽하다!

잘 어울리는 옷을 깔끔하게 차려입은 모습과 자신 있고 당당한 태도는 누가 봐도 멋져. 물론 말씨나 인사 등의 매너도 완벽하지!☆

2 다른 사람을 배려하며 행동한다

주위 사람을 배려하는 사람은 참 멋져. 늘 상대방의 기분을 생각해서 행동하고 어려움을 겪는 사람이 있으면 적극적으로 도와주지.♪

3 웃는 얼굴로 분위기를 밝게 한다

늘 미소를 잃지 않는 사람 주위에는 사람들이 계속 모여들지! 웃는 얼굴만으로도 그 자리의 분위기를 밝게 만들 수 있어.

사회인의 하루를 상상해 보자

오전 6:00 기상
뉴스를 체크한 다음 아침 식사를 해. 운동 또는 독서를 하거나 도시락을 싸는 등 아침 일과가 정해져 있는 사람도 있지!

오전 9:00 일 시작
오전 업무 시작. 보통 일을 시작하기 30분 전쯤 사무실에 도착해 업무 준비를 하는 경우가 많다고 해.

정오 12:00 점심시간
가까운 직장 동료나 선배들과 점심을 먹어. 업무에 관한 것뿐만 아니라 여러 분야의 이야기를 하면서 정보도 교환하지.♪

오후 1:00 일 시작
커피를 마시면서 오후 업무 시간에도 계속 집중하지!

오후 6:00 퇴근
일이 끝나면 운동을 하거나 요리를 배우러 가기도 하고, 집에 돌아와서 공부를 하기도 하지.

오후 11:00 취침
다음 날을 위한 준비를 미리 해 놓고 자면 아침 시간이 한결 여유롭겠지!

> 하루를 알차게 지내는 모습이 참 좋아 보이네!

꿈을 이루어 주는 시간 사용법 — 4

 찾아보자

 '멋지다'고 생각한 사람을 찾았다면, 그 사람의 어떤 점이 멋있는지 구체적으로 적어 보자. 가족이나 친척, 이웃처럼 가까운 사람은 물론, 연예인이나 운동선수 등도 괜찮아!

이름

어떤 점이 멋있었니?

이름

어떤 점이 멋있었니?

이 시트는 내려받을 수도 있어!
http://m.site.naver.com/0VdOT

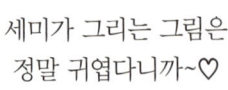

세미가 그리는 그림은 정말 귀엽다니까~♡

나는 그림 그리는 걸 무척 좋아한다.

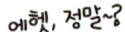

어른이 되면 만화가가 되고 싶지만…

나…
세미가 그린 만화가 책으로 나오면 첫 번째로 사러 갈 거야!
♡

아니… 아무리 그래도 만화가가 되지는 못할 거야.

꿈을 이루기 위한 계획

계획이라니, 벌써 미래를 생각하는 거야? 지금까지 생각해 둔 게 아무것도 없는데…

꿈을 이루기 위한 계획을 세워 보자!

꿈을 이루기 위해서는 미래를 내다보고 계획을 세우는 것도 중요해. 계획을 세우면 꿈과 목표가 더 현실적으로 다가오고, 의욕도 높아질 수 있거든! 친구와 장래 희망에 대해서 이야기를 나눠 보고 계획을 세우는 것도 좋겠지!♪

계획을 세울 때 참고하자

1. 상상은 구체적으로 한다

미래의 계획을 세울 때 가장 먼저 해야 할 일은 미래를 상상하는 거야. 이때 최대한 구체적으로 상상해야 계획을 세우기가 쉬워.♪ 미래의 내가 어떤 일을 하고, 어떤 식으로 생활할지 구체적으로 상상해 보자.

2. 힘들지 않은 범위 안에서 한다

계획을 구체적으로 세우는 것도 중요하지만, 너무 빡빡하게 세워서 실행하기 어려우면 안 되겠지? 지킬 수 있는 범위 안에서 계획하는 것이 포인트야!

3. 즐거운 계획으로 만들자

미래의 계획을 세울 때는 즐거운 일을 많이 넣는 게 좋겠지? 최대한 긍정적인 요소를 많이 넣으면 꿈을 이루기까지 즐기면서 나아갈 수 있을 거야!♪

꿈에 가까이 다가가자!
계획을 실행하는 테크닉

이루고 싶은 꿈이 있다면 반드시 읽을 것!
계획을 실행하는 테크닉을 네 가지 단계로 알려 줄게~♪

4 꿈을 이루어 주는 시간 사용법

STEP 1 목표를 설정한다

117쪽에서 설명한 것처럼 장기적인 계획을 세울 때는 목표가 있는 게 중요해. '미용사 자격증 따기'라든가 '내 식당 열기'처럼 이루고 싶은 꿈을 목표로 설정하자. 아래의 예도 참고하면서 자신만의 목표를 정해 봐!

목표의 예
- 프로 탁구 선수가 된다
- 가수로 데뷔한다
- 사람들에게 도움이 되는 연구·개발을 한다
- 경찰관이 되어 동네의 안전을 지킨다
- △△ 선생님 같은 교사가 된다
- 프랑스에 가서 파티시에가 된다

 나는 미래에 아이들과 관련된 일을 하고 싶어! 보육 교사나 소아과 간호사처럼….

 둘 다 자격증이 필요한 일이구나! 우선 자격증을 따는 걸 목표로 세워도 좋겠다!♪

 아, 그렇구나…!

STEP 2 큰 틀을 잡는다

다음은 꿈을 이루는 데 시간이 얼마나 걸릴지 예상해 보자. 그러면 목표에 이르기까지의 일정을 대강 예상할 수 있지. 이 단계에서는 우선 큰 틀을 정하는 것이 중요하니까 구체적인 스케줄까지는 정하지 않아도 돼!

큰 틀을 잡는 두 가지 방법

목표 달성 시기를 먼저 정한다

예) **25세까지 미용사가 된다**

1) 목록 작성

먼저 미용사가 되기 위해 해야 할 일을 목록으로 만들자. 미용 기술을 배울 수 있는 학교를 알아보거나, 헤어 스타일링을 연습하거나, 필요한 자격증에 대해 조사하는 거야!

2) 시간 역산

'25세'라는 목표점에서부터 역산해서, '23세까지는 어시스턴트가 된다 ▶ 22세까지 미용사 자격증을 딴다'와 같은 식으로 대략적인 스케줄을 정해 나가자.

3) 할 일 분배

②에서 역산한 시기를 참고하면서, ①에서 작성한 목록을 어느 시기에 해야 할지 생각해 봐. 62쪽에서 소개한 메모지 테크닉을 이용하면 편리해!

목표 달성 시기를 나중에 정한다

예) **미용사가 되어 내 가게를 연다**

1) 목록 작성

우선은 해야 할 일을 모두 목록으로 만들자. 미용사 자격증을 따는 것은 물론, 가게를 열기 위해 필요한 돈도 마련해야겠지!

2) 시간 계산

다음은 필요한 시간 계산하기야. 20세에 미용 학과나 학원에 들어간다 ▶ 22세쯤 미용사 자격증을 딴다 ▶ 30세까지 다른 미용실에서 일을 배운다… 이렇게 자신의 가게를 열기까지의 과정을 구체적으로 상상하자.

3) 시기 결정

이와 같이 해야 할 일과 시간을 적다 보면 목표 달성 시기를 대강 예측할 수 있을 거야. 큰 틀이 정해졌다면 이제 목표를 향해 달려갈 일만 남았어!

STEP 3 순서를 생각한다

2단계에서 세운 큰 틀을 참고하면서 자세한 순서를 생각해 보자. 우선 할 일을 하나씩 적고 그걸 이루려면 무엇이 필요한지도 생각해 봐. 예를 들어 '미용사가 되고 싶다'라는 꿈이 있다면, 우선 미용사 자격증을 따는 것이 할 일에 들어가겠지? 다음으로는 '자격증을 따기 위해서는 어떻게 하면 좋을지' 생각한 다음 '시험을 본다', '전문 학교나 학원에서 미용을 배운다' 등을 순서대로 추가하면 돼!

예) 미용사가 되려면…

중학교, 고등학교를 졸업하고 미용 관련 공부를 할 수 있는 학교나 전문 학원에 들어간다.

일정 기간 동안 미용 공부를 하고 국가시험을 봐서 미용사 자격증을 딴다.

미용실에서 일하면서 실제 업무와 현장 분위기를 차근차근 익힌다.

경험을 쌓아 독립한다.
드디어 **스타일리스트로 데뷔~!**

STEP 4 실행한다

순서가 정해졌다면 다음은 드디어 실행이야. 미용사가 목표라면 '매일 드라이 연습하기'를 실행하는 것도 좋겠지. 실행한 다음에는 때때로 계획을 검토하는 것도 중요해. 아래처럼 실행▶검토▶개선▶다시 실행을 반복하는 것이 이상적이야!

실행한다고 끝나는 게 아니었네. 계획은 중간중간 계속 검토하는 게 좋구나!

라엘은 늘 말도 안 되는 계획을 생각하니까 말이야.

 헤헤, 내가 그랬나?!

실행 ▶ 검토 ▶ 개선 ▶ 다시 실행

매일 드라이 연습을 하는 것이 힘들면 주말에만 하는 것으로 계획을 변경해도 괜찮아. 검토와 개선이 끝나면 다시 실행. 이 순서를 반복해 나가자!

좀처럼 행동으로 옮기기 어려울 때는…

'행동 유발 요인'이라고 불리는, 무언가를 시작하는 계기가 되는 행동을 정하자. 행동을 하게 만드는 계기가 생기면 자연스럽게 그 행동을 시작할 수 있게 되거든! 행동 유발 요인은 구체적으로 정할수록 실행하기 쉽다고 해.♪

화요일은 아침 식사 후에 헤어 스타일링 연습을 하자!♪

행동 유발 요인의 예
- 간식을 먹으면 숙제를 한다
- 씻고 나면 스트레칭을 한다
- 저녁 9시가 되면 TV를 끄고 잔다
- 수요일은 아침 6시에 일어나 운동
- 도서관에 가면 영어 책을 찾는다

계획을 이루기 위한 포인트

두근거리는 상상을 하자

큰 틀을 짜거나 순서를 생각할 때처럼 미래의 일을 상상할 때는 최대한 구체적으로 하는 게 좋아! 상상하는 정도에 비례해 계획도 구체적으로 세울 수 있지.

주위 사람과도 공유하자

목표나 계획을 세웠다면 주위 사람들에게 적극적으로 이야기하자. 가족에게 도움을 받거나 친구들끼리 서로 격려해 주면 목표를 이루고자 하는 의욕도 높아질 거야!☆

목표나 계획은 도중에 바뀌어도 괜찮다!

목표를 세우고 실행해 나가는 도중에 꿈이 바뀔 수도 있어. 꿈이나 목표는 꼭 한 가지에 얽매이지 않아도 괜찮아. 꿈이 바뀌었을 때는 그에 맞춰 다시 새롭게 계획을 짜 보자!

미래 예상도를 만들자

자신의 미래를 상상하면서 예상도를 만들어 보자! 상상하는 것만으로도 즐거워지는, 신나는 계획을 만들어 봐!

1 현재의 꿈

2 꿈을 가지게 된 계기

3 꿈을 이루기 위해 필요한 것

이 시트는 내려받을 수도 있어!
http://m.site.naver.com/0VdOT

 몇 살까지 꿈을 이루고 싶어?  세

 구체적인 계획을 적어 보자.

연도	나이	계획
20××년	20세	고등학교를 졸업하고 미용 관련 학과에 입학한다

꿈을 위한 시간을 소중하게

꿈을 이루기 위한 시간 관리법에 대해 잘 알아보았지? 무엇보다 중요한 건 꿈을 이루기 위한 시간 자체를 즐기는 거야~♪

미래를 생각하는 시간은 무엇과도 바꿀 수 없어

누군가와 함께 보내는 시간만큼이나 나 자신에 대해 생각하는 시간도 소중해. 내 꿈을 이룰 수 있는 건 나뿐이니까 매일 조금씩이라도 미래에 대해 생각하는 시간을 가져 보자. 직업에 대해 조사하거나, 꿈과 관련된 일을 찾아 깊게 파고들어 보는 등 꿈에 대해 생각하는 시간을 가지기만 해도 괜찮아. 그런 시간이 쌓이다 보면 어느덧 꿈이 가까이 다가와 있을 거야!♪

평소에도 의식해 보자!

매일 조금씩만 시간을 내면 미래에 대해 충분히 생각할 수 있어. 예를 들어 TV를 볼 때, 패션이나 뷰티에 관심이 있다면 거기에 출연하는 연예인들의 패션과 메이크업, 헤어 스타일링을 체크해 보는 것도 좋겠지? 이런 평범한 시간도 미래의 꿈을 이루기 위한 시간이야.

지금까지는 아무 생각 없이 TV를 봤는데, 오늘부터는 좀 더 의식해서 봐야겠어!

꿈을 위한 시간이란?

관심 있는 일에 관한 지식을 쌓는 것도 중요해

학교 공부는 물론, 관심 있는 분야에 관해서 배우거나 조사하면 보다 넓은 지식을 쌓을 수 있어. 지식이 쌓일수록 미래에 선택할 수 있는 일의 범위도 늘어나고, 무엇보다 가능성도 더 넓어지겠지!♪

취미나 특기를 갈고닦는 것도 좋아★

스포츠나 음악, 미술 등 잘하는 분야가 있다면 그 기술을 더 갈고닦아 보자! 잘하는 일이 꿈으로 이어지는 경우도 있지만, 무엇보다 당당하게 잘한다고 말할 수 있는 건 멋진 일이니까!♡

감성을 기르는 시간도 중요해

연극이나 전시회를 관람하거나 음악을 감상하는 등 다양한 분야의 예술을 접하면서 감성을 기를 수 있어. 이 또한 무척 중요한 시간이야. 이런 경험을 통해 진정한 꿈의 목표를 찾게 될지도 몰라.♪

오늘은 아침에는 혼자서 일어났고, 머리 손질도 마음에 들게 됐어~♪

안녕!

오늘 머리 스타일 귀엽다~!

고마워!

'시간 사용법'을 배운 다음 어떻게 변했어?

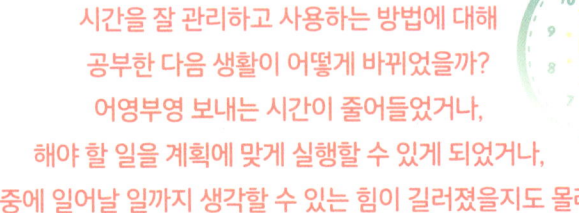

시간을 잘 관리하고 사용하는 방법에 대해
공부한 다음 생활이 어떻게 바뀌었을까?
어영부영 보내는 시간이 줄어들었거나,
해야 할 일을 계획에 맞게 실행할 수 있게 되었거나,
나중에 일어날 일까지 생각할 수 있는 힘이 길러졌을지도 몰라.

아직 무엇이 변했는지 실감이 나지 않더라도
시간은 확실하게 네 편이 되어 줄 거야.

마음에 여유가 없다고 느낄 때는
심호흡을 하고 스스로의 행동을 돌아보도록 해!

한정된 시간을 소중하게, 그 누구보다도 나답게
두근거리는 시간 관리를 해 보자!♪

활동 체크해 보자

이 책의 내용을 되돌아보고, 할 수 있게 된 일에 ✅를 해 보자.
책을 반복해서 읽다 보면 조금씩 ✅의 수가 늘어날 거야! ★

- ☐ 시간이 누구를 위한 것인지 알게 되었다
- ☐ 주위 사람들의 기분을 생각하게 되었다
- ☐ 시간을 역산할 수 있게 되었다

- ☐ 시간 감각을 익혔다
- ☐ 해야 하는 일을 정리할 수 있게 되었다
- ☐ 좋아하는 일을 하는 시간을 소중히 여기게 되었다

- ☐ 긴 시간을 쪼개서 생각할 수 있게 되었다
- ☐ 목표를 위한 계획을 세울 수 있게 되었다
- ☐ 우선순위를 생각하게 되었다

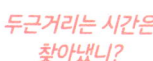

두근거리는 시간은 찾아냈니?

- ☐ 나 자신과 마주하는 시간을 마련하게 되었다
- ☐ 직업에 대해 관심이 생겼다
- ☐ 나의 미래를 생각하게 되었다

감수 다카토리 시즈카(언어 캠프 주관)

커뮤니케이션 능력 기르기를 목적으로 하는 NPO법인 JAM 네트워크 대표. '언어 캠프' 주관. '아이의 자립 트레이닝'을 테마로 다양한 매체를 통한 집필과 강연 활동을 펼치고 있다. 다수의 육아·교육 관련 저서가 있다.

언어 캠프 http://kotobacamp.com/

옮긴이 김지영

이화여자대학교 국어국문학과를 졸업하고 동대학 통역번역대학원에서 번역학 석사 학위를 받았다. 현재 번역가로 활동하고 있다.
옮긴 책으로는 『고양이의 비밀』, 『요괴의 아이를 돌봐드립니다 1-5권』, 『호빵맨의 탄생』, 『숲의 요정 페어리루 트윙클 스피카와 길 잃은 별똥별』, 『세계의 명작 동화』, 『재미나고 귀여운 만화 따라 그리기』 등이 있다.

■ **일본 제작 스태프**
표지·만화 이케다 하루카
일러스트 우사기 에미, 우사기노 루, 간노 사유, 가와구치 케이, 고카부, 곤 호시로
표지·본문 디자인 가타부치 료타(H.PP.G)
DTP 시마무라 지요코
편집 주식회사 스리시즌(이토 사치코, 마쓰시타 이쿠미)

시간 사용법

2022년 3월 25일 초판 1쇄 발행

감　수　다카토리 시즈카
옮긴이　김지영
펴낸이　김병준
펴낸곳　(주)지경사
주　소　서울특별시 강남구 논현로 71길 12
전　화　02)557-6351(대표) 02)557-6352(팩스)
등　록　제10-98호(1978. 11. 12)

SHOUGAKUSEI NO SUTEKI RULE YUME WO KANAERU JIKAN NO TSUKAIKATA BOOK
ⓒSHINSEI Publishing Co., Ltd. 2020
Originally published in Japan in 2020 by SHINSEI Publishing Co., Ltd., TOKYO.
Korean Characters translation rights arranged with SHINSEI Publishing Co., Ltd., TOKYO.
through TOHAN CORPORATION, TOKYO and EntersKorea Co., Ltd., SEOUL.

이 책의 한국어판 저작권은 (주)엔터스코리아를 통해 저작권자와 독점 계약한 (주)지경사에 있습니다. 저작권법에 의하여 한국 내에서 보호를 받는 저작물이므로 무단전재와 무단복제를 금합니다.

편집 책임 한은선 │ **국내 디자인** 이수연
ISBN 978-89-319-3396-3　73380
잘못 만들어진 책은 구입하신 곳에서 바꾸어 드립니다.

부록

보호자님께

언어 캠프 주관
다카토리 시즈카

어? 우리를 위한 '시간 사용법' 책인데 어른을 위한 설명도 들어 있는 거야?

아이들이 '시간 사용법'을 익히기 위해서는 가족의 도움이 필요하거든. 여기서부터는 꼭 부모님이나 어른들께 읽어 보라고 말씀드리자~♪

"빨리 좀 해!"라고 말하고 싶지 않은데…

아이의 시간 관리 습관에서 어떤 점이 고민 되시나요?

- "빨리 좀 해!"라고 말하지 않으면 언제까지고 해야 할 일을 하지 않는다.
- 게임과 동영상을 보는 시간을 정해도 지키지 않는다.
- 밥을 먹을 때도 느릿느릿, 옷을 갈아입을 때도 느릿느릿, 무슨 일을 하든 시간이 너무 오래 걸린다.

초등학생 아이들에게서 흔히 볼 수 있는 문제들이지요.
저는 책과 강연회를 통해 아이의 자립을 돕는 부모와 자식 간의 커뮤니케이션에 대해 이야기해 왔습니다. 여기서는 아이가 자립심을 키울 수 있도록 해 주는 포인트에 대해서 말씀드리겠습니다.

어른 입장에서 아이의 행동을 보고 있으면 자기도 모르게 참견하고 싶어집니다. 처음에는 부드럽게 말해도 말을 듣지 않으니 조금씩 언성이 높아지게 되지요. 부모라면 누구나 그런 경험을 해 본 적이 있을 것입니다.

무조건 참견하지 않고 지켜봐 주는 게 좋다는 걸 알면서도 좀처럼 그럴 수 없는 것은 어째서일까요? 또 아이의 자립심을 키워 주기 위해서는 어떻게 해야 할까요?

아이 스스로
시간을 관리하도록 맡긴다

부모(보호자)는 먼저 진심으로 '아이의 시간은 아이의 것'이라는 생각을 가져야 합니다.

28쪽 '시간 사용법은 스스로 생각하자'에서는 아이가 자신의 시간을 스스로 관리할 수 있는 방법에 대해 이야기하고 있습니다. 어린이집과 유치원 시절에는 주로 부모가 아이의 시간을 관리해 주었겠지만, 초등학생 때부터는 아이가 조금씩 스스로 시간 관리를 할 수 있도록 도와주세요.

아이가 자발적으로 행동하게 만들기 위해서는 부모가 먼저 '아이의 시간은 아이의 것'이라는 사실을 깨달을 필요가 있습니다. 오늘부터라도 아이에게 "빨리 숙제해야지!" "언제까지 놀 거니?"와 같은 말을 하지 않도록 노력해 보세요. '내가 참견을 안 하면 절대 하지 않을 텐데…'라는 생각은 부모로서 당연한 것이지만 한 번쯤은 그냥 내버려 두는 것도 좋습니다. 숙제를 안 하면 곤란해지는 것은 아이 자신이지 부모가 아니니까요.

아이가 자발적으로 행동하기 위해서는 아이 스스로 그 일을 '내 문제'라고 생각해야 합니다. 그러기 위해서는 부모가 먼저 '이건 아이의 문제'라고 자각하고 행동과 말에 변화를 주는 것이 좋지요.

행동하지 않는 아이를 보고 참견하고 싶어질 때는 "이건 누구의 숙제지?"라고 아이에게 질문해 보세요. 숙제를 할지 안 할지를 선택하고, 그에 따른 결과를 받아들이는 것은 바로 아이입니다. 바로 이 점 때문에 부모는 애초에 짜증을 내거나 참견할 필요가 없는 것이지요.
그렇다 해도 아이가 어느 날 갑자기 혼자서 자신의 일을 해결하는 것은 불가능하며, 부모는 마냥 모른 척 내버려 둬야 한다는 것도 아닙니다. 아이가 과제를 해결할 수 있도록 도움을 줄 필요는 있지요. 부모가 먼저 '아이의 시간은 아이의 것'이라고 깨닫는다면 아이에게 건네는 말도 달라질 것입니다. 무조건 "빨리 해!"라고 말하기보다 아이를 이해한 다음 시간을 두고 지켜볼 것인지, 말을 건넬 것인지, 어떻게 도와주는 게 좋을지 생각해 보세요.

아이 스스로 '내 문제'라고 깨닫게 하려면

'그건 그 사람의 문제'라는 사고방식은 다양한 인간관계에서 효과적으로 작용합니다. 그러나 부모 자식 사이에서 이렇게 선을 긋는 것은 상당한 끈기와 훈련이 필요한 일이지요.
자립적인 아이로 성장시키는 교육을 중시하는 미국의 초등학교 교사에게 "아이들의 자립 교육은 언제부터 시작하나요?"라고 질문하자 무려 만 3세부터 시간관념을 포함한 자립 교육을 시작한다고 대답했습니다. 이를테면 아이가 준비물을 깜빡 잊어버렸을 때 "엄마가 안 챙겨 줬잖아!"라고 한다면, 아이의 눈을 바라보며 "그건 엄마가 아니라 네 문제잖아."라고 부드럽게 말한다고 합니다. 생활 속에서 꾸준히 "무조건 다른 사람 탓으로 돌리면 안 돼. 바로 네가 해야 할 일이거든."이라고 일깨워 주는 것이지요.

그런데 혹시 오늘 아침에 아이를 깨워 줬나요?
아이가 "왜 안 깨워 줬어?" "늦었잖아!"라고 하는 것은 자신이 늦잠을 잔 것을 '부모의 책임'이라고 생각하기 때문입니다. 그럴 때 "네 잘못이잖아!" "그러게 일찍 일어나라고 했지?"라고 반박하면 아이는 그것을 혼나는 것으로밖에 느끼지 못할 뿐더러 아이의 자립에도 도움이 되지 않습니다. 따라서 평소에 "스스로 일어나야지."라고 부드럽고 끈기 있게 일러 주고, 알람 시계(가능하면 아이가 좋아하는 것으로 직접 고르게 합니다)를 주면서 혼자 일어날 수 있도록 응원해 주세요.

아이의 생각을 이끌어 낸다

이 책은 아이들의 시간 관리 능력을 향상시켜 주는 많은 '활동'을 다루고 있습니다.
'꼭 해야 하는 일'과 '하고 싶은 일'을 메모지에 적어서 구분하거나(67쪽), 방과 후 스케줄을 짜기도 했는데(81쪽), 그러한 활동들을 할 때는 아이의 자유로운 사고를 존중해 주어야 합니다. 혹시 고민하고 있는 것 같다면 "숙제는 하고 싶은 일일까?"라는 식으로 말을 걸면서 같이 생각해 보도록 하세요. "꼭 해야 하는 일은 숙제와 피아노잖아."라고 섣불리 일러 주는 일은 금물입니다. 아이가 스스로 생각해 가는 과정 또한 중요하니까요.
요즘은 자기 생각을 말로 표현하는 데 서투른 아이가 많습니다. 그것은 '이런 말을 하면 안 될까?' '내 생각이 틀린 건 아닐까?' 하는 걱정 때문에 아이들이 적극적으로 말하지 못하거나, 애초에 스스로 생각하지 않아도 누군가가 먼저 정답을 알려 주는 일에 익숙해져 사고 정지 상태가 되어 버린 아이들이 많기 때문입니다. 스스로 생각해서 행동할 수 있는 아이로 키우기 원한다면, 아이가 자신의 생각을 표현했을 때 어떤 것이든 일단 부정하지 말고 인정해 주세요. 그 과정에서 소중한 것을 배우게 되니까요. '저렇게 하면 잘 안 될 텐데…'라는 생각이 들더라도 최대한 참견하지 말고 지켜봐 주세요.

시간 낭비처럼 보여도 낭비가 아니다

아이들 사이에서 슬라임 만들기가 유행할 때, 다 만든 슬라임을 한없이 만지고 있거나 친구들과 모인 자리에서도 서로 가지고 온 슬라임을 그저 주무르면서 노는 아이들이 많이 보였습니다. 어른이 보기에는 '대체 저게 뭐가 재미있지?' '모처럼 친구랑 만났는데 다른 놀이를 하면 좋을 텐데…'라고 생각할 수 있겠지만, 그런 식으로 시간을 쓸 수 있는 것은 바로 아이이기 때문에 가능한 일인지도 모릅니다. 그렇게 언뜻 시간 낭비처럼 보이는 일도 최대한 자유롭게 하도록 놔두었으면 하는 것이 개인적인 바람입니다.

아이가 시간 낭비를 하는 것처럼 보일 때, 멍하니 있는 것처럼 보일 때, "그러고 있으면 시간이 아까우니까 ○○라도 하지 그러니?"라고 무심코 말하고 싶어지겠지만 멍하니 있는 시간, 또는 시간 낭비처럼 보여도 하고 싶은 일을 하는 그 시간은 아이에게 마음을 정리하거나 성장시킬 수 있는 중요한 시간입니다. 그리고 좋아하는 일을 충분히 즐기는 건 훗날 아이의 집중력에도 도움이 된다고 합니다. 아이가 자발적으로 시작한 일이 있다면 '이 아이는 이런 걸 좋아하는구나.' '이 시간이 아이의 마음을 성장시킬지도 몰라.' 하는 마음가짐으로 최대한 따뜻하게 지켜봐 주세요.

아이가 잘하지 못할 때의 대화법

아이에게 시간 관리를 맡기고 그것을 실행하는 것을 지켜보면, 정해진 대로 하지 않는 날도 있을 것입니다. 그럴 때 "네 스스로 정한 거니까 제대로 해야지!"라고 말하고 싶겠지만 그렇게 화를 낸다고 해서 아이가 스스로 행동할 수 있게 되는 것은 아닙니다. 물론 아이가 그 자리에서는 잠시 말을 들을지도 모르지만, 그건 단지 혼나는 게 싫어서일 뿐이지요. 그럴 때는 감정을 억누르고 "지금은 뭘 하는 시간이었지?" "지금 하는 일은 몇 시까지 끝내야 하는 거니?"라는 식으로 넌지시 에둘러 말한 다음 아이의 행동을 지켜봐 주세요.

또 "빨리 해!"라고 재촉하기보다 "10분 만에 끝내면 ○○를 할 수 있겠구나."라는 식으로 긍정적인 말을 해 주면 아이의 의욕도 끌어올릴 수 있습니다. 아이가 스스로 생각하게 만들고 싶을 때는 "어떻게 하면 좋을 것 같니?" "어떻게 하고 싶어?"라며 기분과 바람을 묻는 질문을 해 보세요. "왜?" "어째서?"라고 이유를 묻는 말은 질문의 형태일지라도 아이는 자신이 마치 비난을 받는 것처럼 느낍니다. 이를테면 "왜 게임을 그만두지 못하는 거니?"라고 질문해 봤자 아이는 그저 자신이 혼나고 있다고 느낄 뿐 대답하지 못하지요. 따라서 이럴 경우에는 "어떻게 하고 싶어?"라고 묻고, 아이가 "게임을 좀 더 하고 싶어!"라고 대답한다면 "조금이면 몇 분?"이라고 되물어 스스로 생각해서 결정하도록 해 주세요.

좋아하는 일, 집중할 수 있는 일을 찾아낸다

이 책에서는 아이들에게 좋아하는 일과 두근거리는 일이 무엇인지에 대해 몇 번씩 질문을 던집니다. 어른도 자신이 정말로 좋아하는 일이 무엇인지, 무엇을 할 때 두근거리는지 알지 못하는 경우가 많은데, 이렇게 스스로에게 계속 질문하다 보면 어느 순간 깨닫게 되는 경우가 있습니다. 아이에게 "뭐 할 때가 가장 즐거워?" "어떤 걸 할 때 가슴이 두근거리고 신나니?"라고 물어보세요. 시간을 잘 관리한다는 것은 시간을 효율적이고 의미 있게 사용하는 것, 충실한 시간을 보내는 것을 의미하기도 합니다. 의미 있는 시간, 충실한 시간이란 뭘까요? 그건 역시 좋아하는 일을 하는 시간이겠지요.

좋아하는 일을 하면서 충실한 시간을 보낸 경험이 있다면, 그 시간을 확보하기 위해 다른 시간도 잘 관리해야겠다는 생각이 들 것입니다. 좋아하는 일, 하고 싶은 일을 하기 위해서라면 어른도 아이도 힘을 낼 수 있지요. 아이들이 두근거리는 일을 찾아낼 수 있도록 곁에서 응원하면서, 부모님도 함께 두근거리는 일을 찾아 아이와 더불어 본인의 시간도 소중하고 빛나는 시간으로 만들어 보시기 바랍니다.